国家示范性中等职业学校精品规划教材

CRTS Ⅰ 型双块式 无砟轨道运营维护

Operation and Maintenance of
CRTS Ⅰ Double-slab Ballastless Track

主　编　孟毅军　穆阿立
副主编　蒋晓茹　梁世川　高振华　张　俊

天津大学出版社
TIANJIN UNIVERSITY PRESS

内容简介

本书遵循“以职业能力为导向，以胜任工作为重点”的原则，在教材内容组织上采用项目和任务的写作模式，加强教学的实践性，以满足企业对专业技术人才岗位工作能力的要求。本书的内容包括 CRTS Ⅰ型无砟轨道精测精调、高速铁路钢轨养护修理、无砟轨道扣件修理及轨道几何尺寸调整作业、CRTS Ⅰ型无砟轨道道床养护修理、高速铁路无砟轨道道岔养护修理、高速铁路无砟轨道钢轨伸缩调节器养护修理六个项目。

本书可作为铁道施工与养护专业和铁道工程技术专业的教学用书，也可作为从事铁路线路维护工作的技术人员的参考书籍。

图书在版编目（CIP）数据

CRTS Ⅰ型双块式无砟轨道运营维护/孟毅军，穆阿立主编．—天津：天津大学出版社，2014. 10

国家示范性中等职业学校精品规划教材

ISBN 978 - 7 - 5618 - 5199 - 9

Ⅰ.①C… Ⅱ.①孟… ②穆… Ⅲ.①高速铁路-无碴轨道-板式轨道-维修-中等专业学校-教材 Ⅳ.①U213. 2

中国版本图书馆 CIP 数据核字(2014)第 246282 号

出版发行 天津大学出版社
出 版 人 杨欢
地　　址 天津市卫津路 92 号天津大学内(邮编:300072)
电　　话 发行部:022 - 27403647
网　　址 publish. tju. edu. cn
印　　刷 昌黎太阳红彩色印刷有限责任公司
经　　销 全国各地新华书店
开　　本 185mm × 260mm
印　　张 7. 75
字　　数 193 千
版　　次 2015 年 1 月第 1 版
印　　次 2015 年 1 月第 1 次
定　　价 17. 00 元

校企合作教材编审委员会

序　言

当前，我国正处于经济社会发展的关键阶段。大力发展职业教育，以服务社会主义现代化建设为宗旨，培养数以亿计的高素质劳动者和数以千万计的高技能专门人才，是我国从人口资源大国转变为人才资源强国的必要途径，更是转变经济发展方式，推动产业结构调整，为实现党的“十八大”提出的“新型工业化、城镇化、信息化和农业现代化”同步，推动经济社会科学发展的必然要求。为贯彻落实《国家中长期教育改革和发展规划纲要（2010—2020年）》关于加强职业教育基础能力建设的要求，教育部启动了国家中等职业教育改革发展示范学校建设项目，项目力争通过三年的时间，建设一批代表国家职业教育办学水平的中等职业学校，在中等职业教育改革发展中发挥引领、骨干和辐射作用。

2012 年，我校成为第二批国家中等职业教育改革发展示范学校立项建设学校，为了深化中等职业教育改革发展示范学校建设，贯彻落实教育部有关中等职业学校教材建设工作的精神，创新人才培养模式和课程体系，我校采取校企合作的方式编写了“基于工作过程”理念为指导的项目式、案例式的系列教材，加强学生实践技能的培养。本系列教材的编写，立足学生的主体发展，坚持基础理论“实用、够用”，基本知识“面宽、灵活”，实训技能“主线贯穿”的原则，力争做到目标设置全面性、内容选择实用性、课程评价科学性，以满足高素质技能型人才培养的需要。

本教材的编写在我校还刚刚起步，存在许多不足之处，希望进一步得到广大职教同仁的指导和帮助，以促进我校教学改革工作取得不断提高。

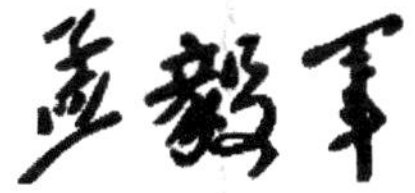

2014 年 3 月

前　言

为更好地落实“十二五”铁路人才发展规划，强化人才培养和实践锻炼，加快建设一支数量充足、结构合理、素质过硬的铁道施工与养护专业技术人才队伍，尽快满足新疆铁路安全运营对专业技术人才的需要，特结合新疆铁路运营和建设实际，依据《国家职业标准》《铁路职业技能鉴定参考丛书》《高速铁路无砟轨道线路维修规则》和铁道部有关技术规章的要求，本着立足当前、着眼长远、瞄准前沿、务求实用的原则编写了本教材。本套教材遵循以职业能力为导向，以胜任工作为重点的原则，在教材内容组织上采用项目的形式，加强教学的实践性，以满足企业对专业技术人才岗位工作能力的要求。

本教材由新疆铁路高级技术学校组织筹划，由孟毅军、穆阿立任主编，蒋晓茹、梁世川、高振华、张俊任副主编，采取校企合作的方式，联合广州南方高速铁路测量技术有限公司、乌鲁木齐铁路局工务处及各工务段专业处室的骨干技术力量共同编写。

由于时间仓促，加之编者水平有限，书中难免存在疏漏和不足之处，恳请广大读者批评指正。

编者

2014 年 3 月

目　　录

项目一　CRTS Ⅰ型无砟轨道精测精调

一、学习目标

(一)知识目标

了解 CRTS Ⅰ型无砟轨道、CRTS Ⅱ型板式无砟轨道、CRTS Ⅲ型板式无砟轨道、CRTS Ⅰ型双块式无砟轨道和 CRTS Ⅱ型双块式无砟轨道的特点。熟悉无砟轨道测量控制网的特点和测量技术要求。掌握 CRTS Ⅰ型无砟轨道精测精调作业程序和要求。

(二)技能目标

能熟练使用检调仪器设备完成 CRTS Ⅰ型无砟轨道精测精调,使轨道处于良好的技术状态。

(三)情感目标

激发学生积极主动探索新知识的学习兴趣和热情,培养学生团队合作意识和有效沟通的能力。

二、任务描述

(一)任务实施环境

本任务首先在标准多媒体教室(图 1－1)进行 CRTS Ⅰ型无砟轨道精测精调预备知识的讲授。

图 1－1　标准多媒体教室

然后在铁路线路演练场完成操作练习,铁路线路演练场应具备不短于 60 m 的 CRTS Ⅰ型无砟轨道线路(图 1－2)。

图 1－2　CRTS Ⅰ型无砟轨道线路

（二）任务目的

通过本任务的学习，使学生熟悉 CRTS Ⅰ型无砟轨道的组成、无砟轨道 CPⅢ控制网测量的技术要求；掌握 CRTS Ⅰ型无砟轨道精测精调作业程序和要求；能够合作完成 CRTS Ⅰ型无砟轨道的精测精调；并激发学生积极主动探索新知的学习兴趣和热情，培养学生合作意识和有效沟通的能力。

三、知识平台

（一）无砟轨道简介

1. 无砟轨道

无砟轨道是用刚性混凝土道床替代碎石道床，并且通过扣件系统与钢轨弹性联结起来的轨道结构，如图 1－3 所示。

图 1－3　无砟轨道

无砟轨道平顺性好，稳定性好，使用寿命长，耐久性好，维修工作少。

2. 无砟轨道的种类

1）CRTS Ⅰ型板式无砟轨道

定义：预制轨道板通过水泥沥青砂浆调整层，铺设在现浇的具有凸形挡台的钢筋混凝土底座上，并适应 ZPW－2000 轨道电路的单元轨道板无砟轨道结构形式。

特点：单元板，板与板之间不纵连，不设横向挡块；引进日本无砟轨道技术。

2）CRTS Ⅱ型板式无砟轨道

定义：预制轨道板通过水泥沥青砂浆调整层，铺设在现场摊铺的混凝土支承层或现场浇筑的钢筋混凝土底座（桥梁）上，并适应 ZPW－2000 轨道电路的无砟轨道结构形式。

特点：板与板之间要纵连，设有横向挡块；引进德国博格板技术。

3）CRTS Ⅲ型板式无砟轨道

定义：为带挡肩的新型单元板式无砟轨道结构，主要由钢轨、扣件、预制轨道板、配筋的自密实混凝土（自流平混凝土调整层）、限位挡台、中间隔离层（土工布）和钢筋混凝土底座等部分组成。

特点：轨道结构采用单元分块式结构，在路基、桥梁和隧道地段轨道板间均采用不连接的分块式单元结构；底座板在每块轨道板范围内设置两个限位挡台（凹槽结构），底座板与自流平混凝土层间设置中间隔离层。

4）CRTS Ⅰ型双块式无砟轨道

定义：将预制的双块式轨枕组装成轨排，以现场浇筑混凝土的方式将轨枕浇入均匀连续的钢筋混凝土道床内，并适应 ZPW－2000 轨道电路的无砟轨道结构形式。

特点：埋入式，引进德国雷达 2000（Rheda）无砟轨道技术。

5）CRTS Ⅱ型双块式无砟轨道

定义：以现场浇筑混凝土的方式，将预制的双块式轨枕通过机械振动嵌入均匀连续的钢筋混凝土道床内，并适应 ZPW－2000 轨道电路的无砟轨道结构形式。

特点：振动压入式，引进德国旭普林轨道技术。

（二）无砟轨道测量控制网

为了适应客运专线铁路高速行车对平顺性、舒适性的要求，客运专线铁路轨道必须具有较高的平顺度标准，我国对时速大于 200 km/h 的铁路轨道平顺度均制定了较高的精度标准。对于无砟轨道，轨道施工完成后基本不再具备调整的可能性，由于施工误差、线路运营以及线下基础沉降等所引起的轨道变形只能依靠扣件进行微量的调整（客运专线扣件技术条件中规定扣件的轨距调整量为 ±10 mm，高低调整量为 －4 mm、+26 mm），因此无砟轨道对施工测量精度较有砟轨道有着更严格的要求

1. 概述

由于过去传统的铁路运行速度较低，对轨道平顺性的要求不高，在勘测、施工中没有要求建立一套适应于勘测、施工、运营维护的完整的控制测量系统。以往的平面控制网测量等级分为一等、二等、三等、四等、五等，坐标系统可以采用国家坐标系，也可以局部假定坐标系。高速铁路平面测量控制网分为三级，分别为 CP Ⅰ、CP Ⅱ、CP Ⅲ（CP 为 control points 的缩写），并将三网统一起来，统一采用国家坐标系统，因此更加规范化和系统化。各级平面

控制网的布网要求如表 1－1 所示。

表 1－1　各级平面控制网布网要求

控制网级别	测量方法	测量等级	点间距(m)	备注
CP Ⅰ	GPS	B 级	≥1 000	≤4 km 一对点
CP Ⅱ	GPS	C 级	800～1 000	—
	导线	四等		
CP Ⅲ	导线	五等	150～200	—
	后方交会		50～60	10～20m 一对点

注:1. 当 CP Ⅱ采用 GPS 测量时,CP Ⅰ的点间距为 4 km。

2. 当 CP Ⅱ采用导线测量时,CP Ⅰ的点间距为 4 km 一对相互通视的点。

各级控制网的作用分别为:

(1)CP Ⅰ主要为勘测、施工、运营维护提供坐标基准;

(2)CP Ⅱ主要为勘测和线下工程施工提供控制基准;

(3)CP Ⅲ主要为轨道铺设和运营维护提供控制基准。

2. *控制网的主要特点*

(1)高速铁路由于行车速度快、建设标准高,要求无砟轨道具有良好的稳定性、连续性和高平顺性,因此要建设好一条高速铁路就必须有一套完整的、高精度的控制测量体系。

(2)国内引进无砟轨道铺设技术的时间较短,其特点是施工工艺新、技术要求严、科技含量高,无砟轨道铺设前期测量工作显得尤为重要。无砟轨道的测量采用全新的高精度三维控制测量技术,使用 GPS 全球卫星定位系统进行 CP Ⅰ、CP Ⅱ控制网测量(CP Ⅰ属高速铁路高等级控制网,是保证全线贯通的基础),最终使用 CP Ⅲ控制网进行三位一体精确定位。铺轨测量精度要求高,平面、高程控制在 1 mm 之内。

3. *CP Ⅲ控制网测量技术要求*

(1)CP Ⅲ平面精度:相对点位精度为 1 mm,点位中误差不超过 2 mm。

(2)CP Ⅲ高程精度:相邻点高差中误差小于 0.5 mm。

(3)联测水准点闭合差:小于 $4\sqrt{L}$(L 为距离,单位为 km)。

(4)全线的平面坐标和高程坐标应统一。

(5)平面投影变形应满足无砟轨道要求(不超过 10 mm/km)。

4. *无砟轨道 CP Ⅲ控制网测量的条件*

(1)线下工程已经竣工验收合格。

(2)变形稳定,符合铺设无砟轨道条件:①路基沉降稳定;②桥梁墩台沉降稳定,梁部上拱及收缩徐变稳定;③隧道应力变化稳定;④其他支挡工程变形稳定。

(3)已知点(CP Ⅰ、CP Ⅱ、水准点)坐标数据可靠。

5. 测量方法

1)CPⅡ加密测量

Ⅰ. 一般规定

(1)对CPⅡ点进行同精度加密,确保沿线每隔约600 m有一个CPⅠ或CPⅡ点可供CPⅢ平面网联测。

(2)CPⅡ加密GPS测量时按三等GPS观测技术指标实施,加密CPⅡ点之间应有基线,并尽可能多的联测已知CPⅠ或CPⅡ点,且加密CPⅡ段落两端应联测已知CPⅠ或CPⅡ点。

(3)在段落搭接时,段落间至少重叠一条GPS基线边并将相邻段已加密CPⅡ点作为已知点进行约束平差,相邻段落至少共用一个水平准基点并将公共点作为起算点。

(4)CPⅡ加密网应附合到CPⅠ或CPⅡ上,并采用固定数据平差。

(5)加密CPⅡ点编号,建议采用7位编号形式(××××P2×),具体说明如下:前4位为连续里程的公里数;第5、6位为"P2"代表加密CPⅡ点;第7位为流水号,由小里程向大里程方向顺次编号。

Ⅱ. GPS加密CPⅡ网

(1)CPⅡ点间距(约600 m)与CPⅢ不共点,不是在路基的左右两端的CPⅡ加密点。

(2)CPⅡ加密点采用强制对中标志埋设于桥梁的固定支座顶端的防撞墙顶面。(纵横向均固定)

(3)CPⅡ加密精度和原测网精度要求相同,观测、数据处理均与原测CPⅡ相同。观测前对网形进行设计,保证CPⅡ加密点间的基线长度在400~800 m,加密点之间必须连有基线,并保证每个加密点至少与2个CPⅠ或CPⅡ点连有基线,以保证路基上与路基下的平面坐标系统统一。

(4)桥梁段加密CPⅡ点测量统一采用GPS测量方法。

(5)在进行CPⅡ加密网观测前进行时段设计,避开少于4颗卫星的时间窗口,选择最佳时段。CPⅡ加密按GPS三等测量的要求进行观测,观测技术要求:①按GPS静态相对定位模式进行测量,观测时段长度≥60 min;②卫星高度角≥15°;③同时观测有效卫星总数≥4颗;④时段中任一卫星有效观测时间≥20 min;⑤观测时段数为2;⑥数据采样间隔为15 s;⑦PDOP(或GDOP)≤8。

(6)观测前,要在GPS接收机上配置参数,参与作业的接收机配置的参数要相同。作业时天线严格置平对中,对中误差小于1 mm;每个时段观测前、后各量天线高一次,比较差值小于2 mm,取均值作为最后结果。接收机开始记录数据后,要及时将测站名、测站号、时段号、天线高等信息输入手簿。在测量过程中,作业员使用专用功能键和选择菜单查看测站信息、接收卫星数、卫星号、各通道信噪比、实时定位结果、存储器和电池余量等,并作必要记录。同时要注意仪器的警告信息,及时处理各种特殊情况。双时段观测时,时段间GPS接收机应重新进行整平对中。

Ⅲ. 数据处理

加密CPⅡ网平差应采用LGO 7.0进行基线解算,采用COSAGPS数据处理软件进行平差计算。

(1)基线质量检验满足表1-2要求。

表1-2　基线质量检验标准

检验项目	限差要求			
	X坐标分量闭合差	Y坐标分量闭合差	Z坐标分量闭合差	环线全长闭合差
独立环(含附合路线)	$W_X \leq 3\sqrt{n}\sigma$	$W_Y \leq 3\sqrt{n}\sigma$	$W_Z \leq 3\sqrt{n}\sigma$	$W_X \leq 3\sqrt{3n}\sigma$
重复观测基线较差	$d_s \leq 2\sqrt{2}\sigma$			

(2)在基线的质量检验符合要求后,以所有独立基线构成控制网,以三维基线向量及其相应的方差—协方差阵作为观测信息,以一个点的WGS-84的三维坐标为起算数据,进行无约束平差。无约束平差基线向量改正数的绝对值满足:

$$V\Delta x \leqslant 3\sigma,\ V\Delta y \leqslant 3\sigma,\ V\Delta z \leqslant 3\sigma$$

(3)GPS网无约束平差合格后,引入网中联测的CPⅠ和CPⅡ点坐标进行二维约束平差。二维约束平差后,CPⅡ加密点的各项精度指标应满足表1-3要求。

表1-3　CPⅡ加密点精度指标

等级	固定误差 a(mm)	比例误差系数 b(mm/km)	基线边方位角中误差(″)	约束点间的边长相对中误差	约束平差后最弱边边长相对中误差
三等	≤5	≤1	≤1.7	1/180 000	1/100 000

Ⅳ. CPⅠ、CPⅡ点稳定性分析方法

在GPS网无约束平差合格后,对CPⅡ加密点进行整体平差前先对网中的原CPⅠ和CPⅡ点的稳定性进行分析。选择2个CPⅠ点进行约束平差试算,确定有无与设计坐标变动较大的点,如果发现有坐标变动较大的点,分析原因,确定点位是否发生了移动,若判断肯定变动,需剔除该点,然后固定稳定的CPⅠ、CPⅡ点进行约束平差。

2)CPⅢ测量

Ⅰ. CPⅢ控制点的测量标志

CPⅢ控制点所用测量标志实物如图1-4、图1-5所示。

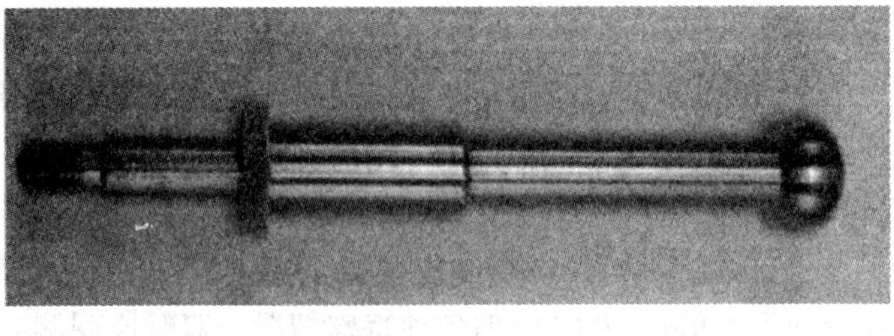

图1-4　CPⅢ标志水准测量杆

Ⅱ. CPⅢ控制点的埋设

CPⅢ点标志采用钻孔埋标法,埋设之前逐个检查平面(高程)测量连接杆和预埋件之间的间隙,平面(水准)测量杆全部插入预埋件后预埋件沿口应和平面(水准)测量杆突出横截面密接,有异常情况的预埋件不能使用。桥梁段CPⅢ点标志埋设施工方法如下。

图 1－5　Leica GPR121 精密棱镜

(1)先在桥梁防撞墙顶面上钻直径 1.5 cm 的孔，孔深 8 cm，然后扩大孔径口，扩大部分直径 2.5 cm、深度 0.8 cm，孔中心线基本竖直(倾斜度不超过 8′)。

(2)用塑料盖封闭预埋件插口端管口，防止异物进入预埋件。

(3)将钻孔内碎石渣清理干净，浇水润湿洞孔，将植筋胶等填入洞孔。

(4)植入预埋件，使预埋件插口顶面与防撞墙顶面齐平。

路基段 CPⅡ加密点按左右交替布设，在限界内便于 CPⅢ控制网联测的地方，可埋设在两个接触网杆中间稳固可靠且不影响行车安全的地方，设置对空通视良好的柱状墩，如图 1－6 所示。(离基础地面 1.0 m 以上，基础浇筑混凝土为 0.7 m×0.7 m，深 1.0 m，圆柱直径 0.25 m，均应埋设钢筋骨架，主筋配置 ϕ16 mm，绕筋配置 ϕ8 mm，每 30 cm 配置一层，钢模浇筑。)

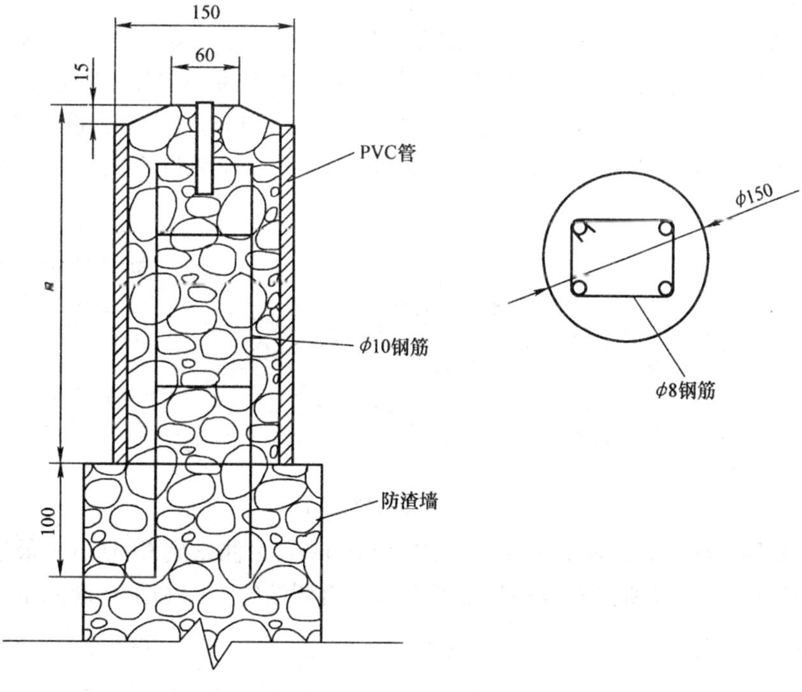

图 1－6　CPⅢ控制网区段的划分和区段之间的连接

CPⅢ控制网的区段定义为在上一级控制网点约束下进行本次平差计算的CPⅢ网的范围。

CPⅢ控制网(包括平面网和高程网)可分区段分别进行观测和平差计算,区段的长度不宜短于4 km。

CPⅢ平面网区段的两端必须起止在上一级控制网点(CPⅠ或CPⅡ)上,而且应保证有连续的3个自由设站与上一级控制网点联测。

CPⅢ高程网要满足区段中联测的上一级水准点的数量不得少于3个,而且CPⅢ高程网区段的两端必须起止在上一级水准点上。

CPⅢ网区段与区段之间,至少应该有4对(8个)CPⅢ点作为公共点在相邻的两区段中都要测量;这些点在各自区段中的观测和平差计算,应该满足CPⅢ网的精度要求;除此之外,还要满足各自区段平差后的公共点X、Y、H坐标较差应不超过±3 mm的要求;在达到上述要求后,前一区段CPⅢ网的平差结果不变,后一区段的CPⅢ网要再次平差,再次平差时除要约束本区段的上一级控制网点外,还要约束前一区段公共点中至少一个公共点的坐标;这样其他未约束的公共点在两个区段分别平差后的坐标差值应≤1.0 mm,以确保CPⅢ网的整体精度。最后,公共点的坐标,应该采用前一区段CPⅢ网的平差结果。

3)平面控制测量

Ⅰ. 对全站仪的选择

(1)仪器应为能自动对中目标(棱镜)的测量机器人。

(2)仪器的角度测量标称精度不低于1″。

(3)仪器的距离测量标称精度不低于2 mm+2 ppm①。(一般用1 mm+2 ppm的仪器)

(4)仪器检定合格方可用于CPⅢ测量。

Ⅱ. 测量原理及方法

CPⅢ控制网使用边角交会法测量。CPⅢ控制网采用自由设站交会网(《客运专线无砟轨道铁路工程测量暂行规定》称为“后方交会网”)的方法测量,CPⅢ控制点的点间距一般应为50~60 m一对,不应超过70 m。自由设站的距离为120 m,每个自由设站观测12个CPⅢ点,全站仪前后方各3对点。每次测量保证每个CPⅢ点被测量3次以上。测量图如图1-7所示。

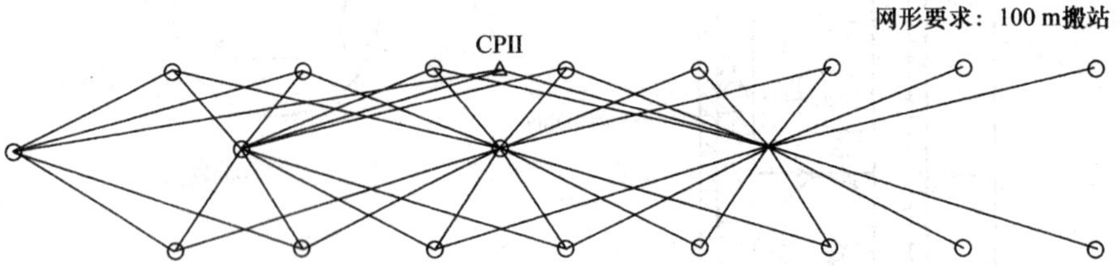

图1-7　测量图(1)

CPⅢ控制网观测的自由测站间距一般约为120 m,自由测站到CPⅢ点的最远观测距离不应大于180 m;每个CPⅢ点至少应保证有三个自由测站的方向和距离观测量。测量图如图1-8所示。

① ppm为百分之一,表示器件或仪器某个参数的精度。

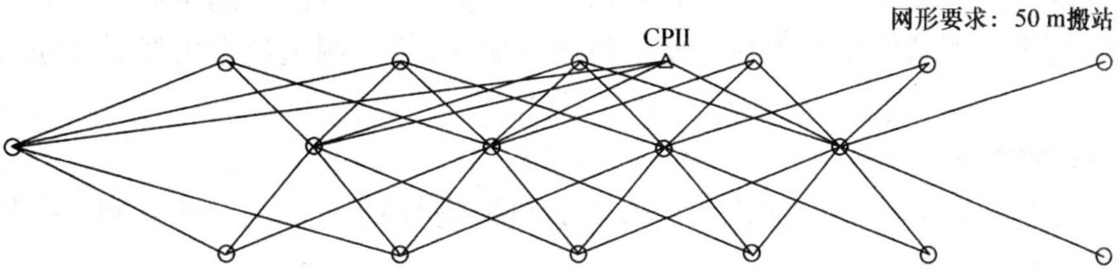

图 1－8　测量图(2)

当遇施工干扰或观测条件稍差时，局部 CPⅢ平面控制网平面观测站间距应为 60 m 左右，每个 CPⅢ控制点由 4 个方向交会。

Ⅲ. 观测要求

CPⅢ网采用自由设站边角交会法测量。对于自由测站的测量，每个自由测站以前后各 3 对 CPⅢ点为测量目标，每个 CPⅢ点至少从 3 个测站上分别联测。选择无风的阴天或夜间进行观测，并准确测定每站测量时的温度和气压。

CPⅢ控制网观测的自由测站间距一般约为 120 m，每个 CPⅢ点至少保证有 3 个自由测站的方向和距离观测量。

CPⅢ控制网水平方向采用全圆方向观测法进行观测。全圆方向观测应满足表 1－4 至表 1－6 的规定。

表 1－4　CPⅢ平面网水平方向观测技术要求

控制网名称	仪器等级	测回数	半测回归零差	2C 误差	不同测回同一方向 2C 互差	同一方向归零后方向值较差	竖盘指标差互差	测回间竖直角较差
CPⅢ平面网	0.5″	2	6″	≤20	9″	6″	12″	6″
	1″	3	6″	≤20	9″	6″	12″	6″

表 1－5　CPⅢ平面网距离测量

控制网名称	测回数	半测回间距较差	测回间距较差
CPⅢ平面网	2 或 3	±1 mm	±1 mm

注：距离测量 1 测回是全站仪盘左、盘右各测量一次的过程。

表 1－6　CPⅢ平面网纵横向闭合差检验结果

控制网名称	横向闭合差	纵向闭合差
CPⅢ平面网	±2 mm	±2 mm

当 CPⅢ平面网外业观测的水平方向和距离的技术要求不满足以上技术要求时，该测站外业观测值部分或全部重测。

CPⅢ平面网与上一级 CPⅡ控制点联测时，至少通过 3 个连续的自由测站或 3 个以上 CPⅢ点进行联测。

Ⅳ. 外业记录

测量开始后，在现场认真填写 CPⅢ平面网自由测站的外业测量记录，不允许事后补填。外业纪录内容包括：天气状况、温度、湿度、气压、CPⅢ点号与观测顺序、示意图上的 CPⅢ点的相互关系以及点号输错问题与其他异常情况。在每段 CPⅢ测量结束后装订存档。棱镜常数、气温、气压等测站信息必须在外业期间正确输入,使得测量数据为经过气象改正后的数据。

Ⅴ. 内业数据处理

(1)CPⅢ点的平面数据处理要采用要求的软件,进行 CPⅢ网的外业观测数据精度检核与网评差的精度评定。

(2)CPⅢ平面网平差计算后,其精度指标应满足表1-7至表1-10的要求。

表1-7　CPⅢ平面自由网平差后的主要技术要求

控制网名称	方向改正数	距离改正数
CPⅢ平面网	3″	2mm

表1-8　CPⅢ平面网约束平差后的主要技术要求(1)

控制网名称	测量方法	方向观测中误差	距离观测中误差
CPⅢ平面网	自由测站边角交会	1.8″	1.0 mm

表1-9　CPⅢ平面网约束平差后的主要技术要求(2)

控制网名称	与 CPⅠ、CPⅡ联测		与 CPⅢ联测		点位中误差
	方向改正数	距离改正数	方向改正数	距离改正数	
CPⅢ平面网	4.0″	4 mm	3.0″	2 mm	2 mm

表1-10　CPⅢ平面网定位精度表　　mm

CPⅢ控制点	同精度复测精度	相邻点的相对中误差
自由设站边角交会	3	1

Ⅵ. 高程观测仪器设备

(1)对于水准仪,要使用天宝 DINI03 和徕卡 DNA03 系列电子水准仪及其配套铟瓦尺,并配置稳定、结实的专用木质三脚架。

(2)使用质量为5 kg的尺垫。

(3)对于水准测量扶尺要用配套的专用尺撑。

CPⅢ控制点水准测量统一按矩形环单程水准网观测。CPⅢ水准网与线路水准基点联测时,按精密水准测量要求进行往返观测。水准观测均选择在标尺分划成像清晰而稳定时进行。标尺分划线的影像跳动剧烈或气温突变以及风力过大而使标尺与仪器不能稳定时均不应进行观测。

Ⅶ. 联测网形

CPⅢ控制点高程的水准测量统一采用图1-9所示的水准路线形式。测量时,左边第一个闭合环的4个高差应该由2个测站完成,其他闭合环的4个高差可由1个测站按照后→前→前→后或前→后→后→前的顺序进行单程观测。单程观测所形成的闭合环如图1-10所示。

Ⅷ. 高程控制网技术要求

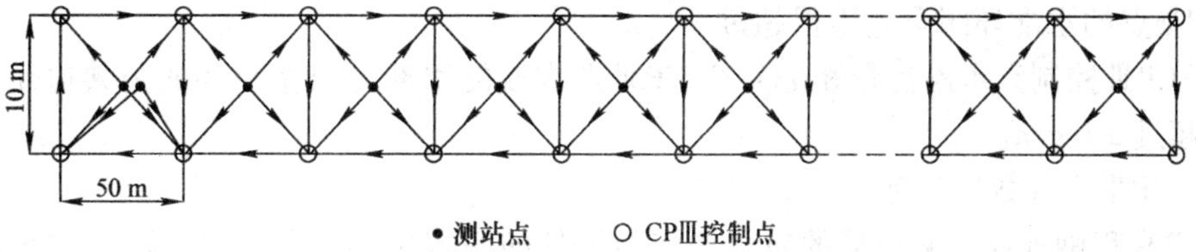

图1－9　矩形法CPⅢ水准测量原理示意图

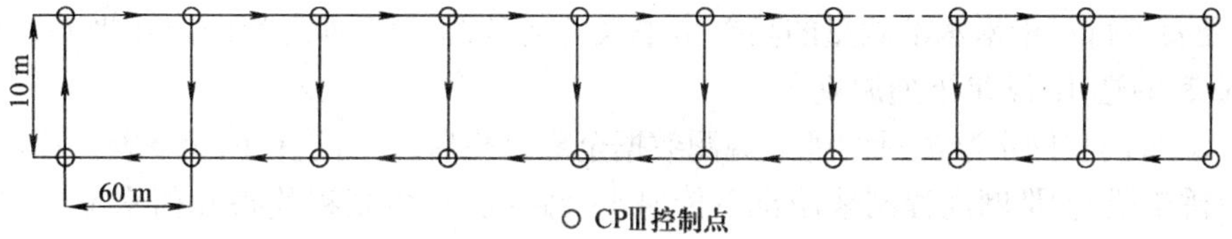

图1－10　CPⅢ水准网单程观测形成的闭合环示意图

(1)CPⅢ高程控制网精密水准测量的主要技术要求应符合表1－11的规定。

表1－11　精密水准测量的主要技术标准

符合路线长度(km)	水准仪最低型号	水准尺类型	观测次数	
			与已知点联测	环线
≤3	≤DS1	因瓦尺	往返	单程

(2)精密水准测量精度要求应符合表1－12的规定。

表1－12　精密水准测量精度要求表　　mm

水准测量等级	每千米高差偶然中误差 M_Δ	每千米高差全中误差 M_W	限差	
			往返测不符值	附合路线或环线闭合差
精密水准	≤2	≤4.0	$8\sqrt{L}$	$8\sqrt{L}$

注:表中 L 为往返测段、附合或环线的水准路线长度,单位为km。

(3)精密水准测量的主要技术标准要求应符合表1－13的规定。

表1－13　精密水准测量的主要技术标准

等级	每千米高差全中误差(mm)	路线长度(km)	水准仪等级	水准尺类型	观测次数		往返较差或闭合差(mm)
					与已知点联测	附合或环线	
精密水准	4	3	DS1	因瓦尺	往返	往返	$8\sqrt{L}$

注:1. 结点之间或结点与高级点之间,其路线的长度,不应大于表中规定的7/10倍。
2. L 为往返测段、附合或环线的水准路线长度,单位为km。

(4)精密水准观测主要技术要求应符合表1－14的规定。

表1－14　精密水准观测主要技术要求

等级	水准尺类型	水准仪等级	视距(m)	前后视距差(m)	测段的前后视距累积差(m)	视线高度(m)
精密水准	因瓦尺	DS1	≤60	≤2.0	≤6.0	下丝读数≤0.3
		DS05	≤65			

注:1. L 为往返测段、附合或环线的水准路线长度,单位为km。
2. DS05表示每千米水准测量高差中误差为±0.5 mm。

(5)CPⅢ控制点水准测量应对相邻4个CPⅢ点构成的水准闭合环进行环闭合差检核，相邻CPⅢ点的水准环闭合差不得超过±1 mm。

(6)CPⅢ控制点水准测量相邻4个CPⅢ点构成的水准环与相邻环的公共边往返测较差不得超过±1 mm。

Ⅸ. CPⅢ高程数据处理

CPⅢ高程网外业观测成果的质量评定与检核的内容包括:测站数据检核、水准路线数据检核,并计算每千米水准测量的高差偶然中误差,当CPⅢ水准网的附合(闭合环)数超过20个时还要进行每千米水准测量的高差全中误差的计算。CPⅢ高程网内业平差计算和基础控制资料的选用,满足下列原则。

(1)CPⅢ高程网水准测量的外业观测数据全部合格后,方可进行内业平差计算。

(2)桥梁段CPⅢ网高程网采用桥下传递水准路线、三角高程代替几何水准(水准路线长取前后水平视线长的和)以及桥上辅助三角高程点间二等水准贯通三部分数据组成的水准网,经严密平差后计算出的上桥CPⅢ点或辅助点作为起算数据进行固定数据平差计算。

(3)平差后相邻CPⅢ点高差中误差不大于0.5 mm。平差计算取位按表1－15中精密水准测量的规定执行。

表1－15　精密水准测量计算取位

往(返)测距离总和(km)	往(返)测距离中数(km)	各测站高差(mm)	往(返)测高差总和(mm)	往(返)测高差中数(mm)	高程(mm)
0.01	0.1	0.01	0.01	0.1	0.1

四、任务实施

(一)技术依据

(1)《高速铁路设计规范(试行)》(TB 10621—2009)。

(2)《WJ－8C型扣件系统安装技术手册》。

(3)《高速铁路工程测量规范》(TB 10601—2009)。

(4)《高速铁路轨道工程施工技术指南》(铁建设〔2010〕241号)。

(5)《高速铁路轨道工程施工质量验收标准》(TB 10754—2010)。

(6)《客运专线轨道几何状态测量仪暂行技术条件》(科技基〔2008〕86号)。

(7)《客运专线铁路工程静态验收指导意见》(铁建设〔2009〕183号)。

(8)《高速铁路联调联试及运行试验指导意见》(铁集成〔2010〕166号)。

(二)技术要求

1. 基本定义

(1)左右轨定义:以面向里程增大方向定义左右。

(2)水平定义:沿里程增大方向,测点处排除超高值后,右股高为正,低为负。

(3)超高定义:沿里程增大方向,测点处右股高为正,低为负。

(4)轨距定义:比较标准轨距1 435 mm,大为正,小为负。

(5)中线偏差定义:与设计值相比,偏左为正,偏右为负。

(6)高程偏差定义:与设计值相比,高为正,低为负。

(7)平面调整方向定义:横向调整量为正值时,调整方向为面向里程增大方向向左调(负值则相反);纵向调整量为正值时,调整方向为向上调(负值向下调)。

2. 主要技术要求

轨道精调后应满足表1-16中轨道静态及动态平顺度允许偏差的要求。

表1-16　轨道静态及动态平顺度允许偏差

项　目	允许偏差			检测方法	动态检测
	无砟轨道	高速道岔	Ⅰ型双块式		
轨距	±1 mm	±1 mm	±1 mm	相对于1 435 mm	Ⅰ级: +3 mm ~ -2 mm Ⅱ级: +4 mm ~ -3 mm
	1/1 500	1/1 500	1/1 500	变化率	Ⅰ级:0.8 mm/2.5 m Ⅱ级:1.0 mm/2.5 m
轨向	2 mm	2 mm	2 mm	弦长10 m	—
	2 mm/(8a)	—	2 mm/(8a)	基线长48a	Ⅰ级:3 mm/42 m波长 Ⅱ级:5 mm/42 m波长
	10 mm/(240a)	—	—	基线长480a	Ⅰ级:5 mm/150 m波长 Ⅱ级:6 mm/150 m波长
高低	2 mm	2 mm	2 mm	弦长10 m	—
	2 mm/(8a)	—	2 mm/(8a)	基线长48a	Ⅰ级:3 mm/42 m波长 Ⅱ级:5 mm/42 m波长
	10 mm/(240a)	—	—	基线长480a	Ⅰ级:5 mm/150 m波长 Ⅱ级:6 mm/150 m波长
水平	2 mm	直向1 mm 侧向2 mm	2 mm	不包括曲线、缓和曲线上的超高值	Ⅰ级:3 mm Ⅱ级:5 mm
扭曲(基长3 m)	2 mm	2 mm	2 mm	基长3 m 包括缓和曲线超高顺坡造成的扭曲量	Ⅰ级:3 mm/2.5 m Ⅱ级:4 mm/2.5 m
与设计高程偏差	10 mm	-5 ~0 mm	一般±2 mm 站台0~2 mm	站台处不低于设计值	—
与设计中线偏差	10 mm	±2 mm	2 mm	—	—

注:1. 表中a为轨枕/扣件间距。

2. 无砟轨道线间距允许偏差为0~+10 mm,Ⅰ型双块式间距允许偏差为0~+5 mm。

3. 扣件的轨距块应顶严靠紧,离缝者不得大于6%,最大离缝不应大于0.5 mm;扣件紧固,扣压力小于规定值(不应大于8%);胶垫无缺损,偏斜量大于5 mm的不应大于8%。

4. 对于无砟轨道而言,动态检测和静态检测具有相似及差异小的特点,经验值显示,钢轨弹性挤开量为0.53~0.86 mm,钢轨垂向变形为0.43~0.70 mm。

(三)轨道精调作业流程

无砟轨道精调作业流程如图1-11所示。

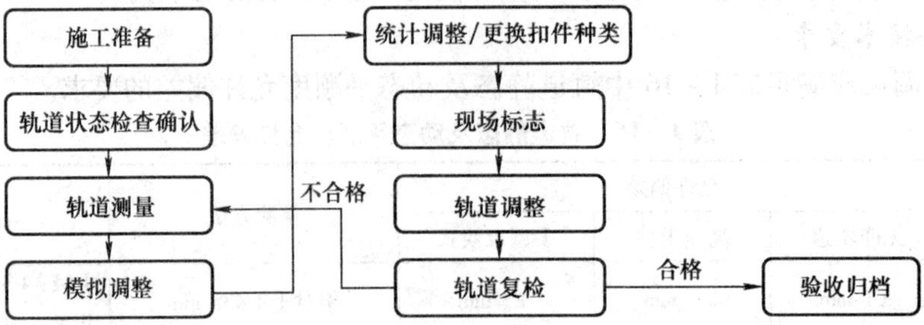

图1-11　无砟轨道精调作业流程图

(四)作业步骤

1. 施工准备

1)CPⅢ复测工作

为了保证高速铁路轨道铺设的精度,钢轨精调前应及时组织完成CPⅢ网复测工作。另外,为了保证CPⅢ复测数据的准确可靠,在CPⅢ复测前也应对其起算基准进行复测,内容主要包括:线下CPⅠ、CPⅡ网复测、线上CPⅡ加密点复测及二等水准加密基点复测。

2)人员准备

轨道精调前应当制定精细化的作业流程,配备足够的人员,尤其是要配足测量人员,并对精调人员进行精调工艺、程序、标准的专业培训,使参与轨道精调的人员全面掌握相关标准及要求。作业人员应固定,不应任意调动;测量数据要有专人做分析计算,制定精调工作表,现场按表执行调整。根据已完成客运专线精调经验,具体的人员配备参见表1-17。

表1-17　轨道静态作业人员配备表

序号	作业内容	人数	备注
1	现场指挥	1	负责技术管理及轨道精调作业的现场指挥
2	轨道测量	3	提供准确的测量数据
3	数据处理及模拟计算	1	轨道状态测量数据处理及模拟计算
4	现场标示	2	轨道状态测量数据工务检查、复核
5	材料管理	4	负责调轨工具、扣件的摆放、回收、清理
6	调整作业	6	扳手2人,起道、更换扣配件4人
7	现场防护	2	专职安全防护
8	合计	19	小组管理1人,测量技术员4人,作业员14人

3)设备及机具准备

轨道精调前每个作业面要配备足够的设备机具,以满足现场测量和调整的需要。根据已完成客运专线精调经验,每个作业面主要设备机具的配置参见表1-18。

表 1 - 18　主要设备机具配置表

序号	设　　备		数　　量
1	精测组	轨道检测仪(绝对测量小车)	1 台
2		全站仪	1 台
3		CPⅢ棱镜组件	至少 8 个
4		气象测量仪器	1 套
5	精调组	道尺(0 级)	1 把
6		道尺(1 级)	1 把
7		内燃扳手	2 台
8		扭矩扳手	2 把
9		液压起道器	2 台
10		丁字扳手	2 ~ 4 把
11		塞尺	2 把
12		弦线	2 卷
13		毛刷	4 把
14		钢丝刷	2 把
15		石笔	若干
16		运输小车	1 台
17		撬棍	2 把
18		防护用品	2 套

注:需做好相应设备机具的定期检校或定期检查、维修和保养工作。

4) 材料准备

轨道精调前应提前准备相应数量调整件。主要是准备调整轨距的不同规格的绝缘轨距块和轨距挡板,还有调整钢轨高低位置的不同规格的轨下垫板、轨下微调垫板和铁垫板下调高垫板,同时也应准备少量的 S3 型螺旋道钉(在钢轨相对正常状态的调高量大于 15 mm 的时候采用)。

WJ - 8 型扣件(图 1 - 12)由螺旋道钉、平垫圈、弹条、绝缘轨距块、轨距挡板、轨下垫板、铁垫板、铁垫板下弹性垫板和预埋套管组成;此外,为了调整钢轨高低位置的需要,还应有轨下微调垫板和铁垫板下调高垫板。各类调整件应按线路扣件系统总数的百分比准备,其具体数量取决于承轨台的打磨以及轨下结构的施工精度情况。由于铺轨时的各种原因,现场也存在各类零部件缺少的情况,所以其他配件也要根据现场情况少量备料。

轨距和轨向调整通过更换轨距挡板和绝缘轨距块来完成。轨距挡板分为非钢轨接头处用和钢轨接头处用两种,每种轨距挡板又分 4 号、7 号和 10 号三种规格,标准轨距时均使用 7 号;绝缘轨距块分非钢轨接头处用(Ⅰ型)和钢轨接头处用(Ⅱ型),每种绝缘轨距块又分 7 号、8 号、9 号、10 号和 11 号五种规格,标准轨距时均使用 9 号。轨距调整范围为 ±10 mm 内具体配置如表 1 - 19 所示。

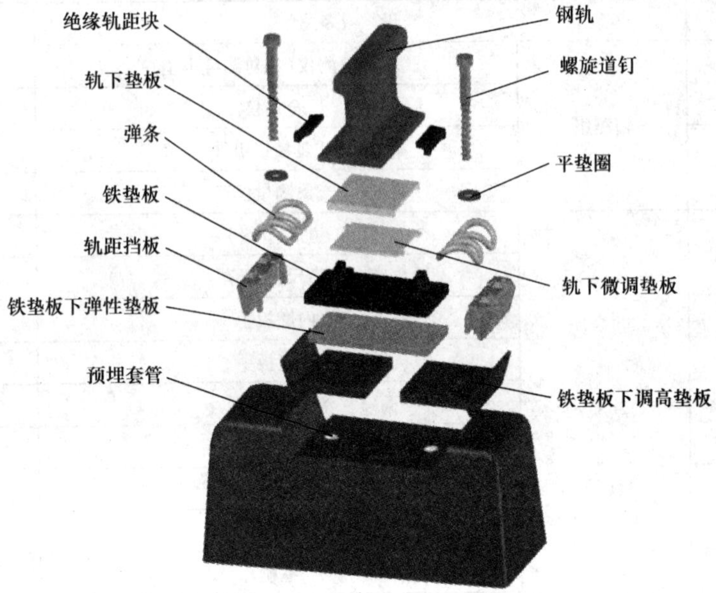

图 1-12　WJ-8 型扣件系统

表 1-19　轨距调整配件配置表

单股钢轨调整量(mm)	钢轨外侧		钢轨内侧	
	轨距挡板	绝缘轨距块	绝缘轨距块	轨距挡板
-5	10	11	7	4
-4	10	10	8	4
-3	10	9	9	4
-2	7	11	7	7
-1	7	10	8	7
0	7	9	9	7
+1	7	8	10	7
+2	7	7	11	7
+3	4	9	9	10
+4	4	8	10	10
+5	4	7	11	10

钢轨高低位置调整通过更换轨下垫板、轨下微调垫板以及铁垫板下调高垫板完成。轨下垫板分 2 mm、3 mm、4 mm、5 mm 和 6 mm 五种厚度，正常安装时采用 6 mm 厚轨下垫板；轨下微调垫板按厚度分为 1 mm、2 mm、5 mm 三种规格；铁垫板下调高垫板按厚度分为 10 mm 和 20 mm 两种规格，铁垫板下调高垫板由两片组成，应成副使用。钢轨高低位置调整范围为 -4 ~ +26 mm，具体配置如表 1-20 所示。

表 1-20　高低调整配件配置表

钢轨高低调整量（mm）	轨下垫板厚度（mm）	轨下微调垫板总厚度（mm）	铁垫板下调高垫板厚度（mm）
-4	2	0	0
-3	3	0	0
-2	4	0	0
-1	5	0	0
0	6	0	0
+1 ~ +6	6	1 ~ 6	0
+7	3	0	10
+8	4	0	10
+9	5	0	10
+10	6	0	10
+11 ~ +16	6	1 ~ 6	10
+17	3	0	20
+18	4	0	20
+19	5	0	20
+20	6	0	20
+21 ~ +26	6	1 ~ 6	20

注:1. 轨下微调垫板不得放在轨下垫板上,放入垫板的总厚度不得大于 6 mm,总数不得超过两块。

2. 铁垫板下调高垫板在铁垫板下弹性垫板和轨道板承轨面间垫入,只能单副使用,不能摞叠使用,每副由两片组成,分别从两侧面插入。螺旋道钉分 S2 型和 S3 型两种,在钢轨调高量不大于 15 mm 时用 S2 型,大于 15 mm 时用 S3 型。

5)作业准备

轨道精调前应完成精调内业资料的准备:整理管段内平面曲线、竖曲线、超高等线路参数以及 CPⅢ轨道控制网复测资料等,并将其输入到轨道几何状态测量仪中;换算运营贯通里程,并与施工里程结合使用,以方便精调检测数据的分析解读。

2. 轨道状态检查确认

钢轨精调及扣件更换后复检的全过程应对轨道状态检查确认。

(1)钢轨无污物、低塌、掉块、硬弯等缺陷,钢轨工作边无残留混凝土等黏结物。

(2)扣件应安装正确,无缺少、无损坏、无污物,扣件弹条与绝缘轨距块应密贴,扣件扭矩力符合设计要求,弹条中肢前端下颏与绝缘轨距块间隙≯0. 5 mm,轨底外侧边缘与绝缘轨距块间隙≯0. 3 mm,轨枕挡肩与轨距挡板间隙≯0. 3 mm。

(3)轨下垫板安装正确,无缺少、无损坏、无偏斜、无污物、无空吊。

(4)钢轨焊接接头平直度应符合标准要求。

(5)清理轨道板、扣件内部、承轨槽内混凝土残留杂物、灰尘等。

3. 轨枕间距检查确认

对于双块式无砟轨道采用 SIWEI 动态采集数据轨检小车作业时,需确实查明轨枕间距,以精确定位每个轨枕的调整量。

大多情况下,桥梁段轨枕间距布设有具体的设计说明,如表 1-21 所示。

表 1 – 21　轨枕间距布设表

32 米梁上双块式无砟轨道轨枕间距布设						
梁端	第一块	第二块	第三块	第四块	第五块	梁端
250	10 ×650	10 ×650	10 ×650	10 ×650	5 ×620 +5 ×600	250
24 米梁上双块式无砟轨道轨枕间距布设						
梁端	第一块	第二块	第三块	第四块	第五块	梁端
275	10 ×650	10 ×650	10 ×650	10 ×650	7 ×650	275

因此,可用钢尺外业复核长链,以精确量测特殊位置的原则查明轨枕间距;大跨连续梁处、路基隧道处可采用全站仪外业实测或钢尺丈量的方法逐枕量测。

丈量组应以记录为工作重心并负责现场指挥、计划安排和资料整理。采用两把钢尺沿大里程方向同向进行丈量。

(1)钢尺丈量:丈量选定的精调平面基本轨。将钢尺置于相邻螺旋道钉上,后尺将零位置对准丈量起点,前尺落于螺旋道钉上同一位置。要求两尺用力一致(100 N),有呼有答,同时起落,不允许拖尺行进。

(2)全站仪丈量:按照全野外测定目标点坐标的方法,后视 4 对 CPⅢ点设站,测量精调平面基本轨一侧螺旋道钉坐标。

(3)内业数据处理:按照动态检测车起停点里程,与查明的各段内轨枕间距和比较,在限差内(1/4 000)时按照距离权平差的方式将段内长短链差平均分配于各间距,最后整理各段轨枕间距,形成轨枕编号及里程对应表提供轨检小车做内业处理。

4. 轨道测量

(1)轨道精调之前,全站仪和轨道几何状态测量仪应经过检校和标定;每次新建作业开始测量之前,应用 0 级道尺对轨道几何状态测量仪进行现场标定,并做好比对情况的记录。

(2)用 SIWEI 轨道检测仪精调轨道应选在较好的气象条件下进行,另外需要特别注意轨道测量前一定要检查扣件弹条与绝缘轨距块的密贴以及扣件扭矩,严禁在假轨距的情况下采集数据。

(3)全站仪自由设站的位置必须与轨道几何状态测量仪上的棱镜同侧,每次联测 2 对 CPⅢ控制点,并且测站位于联测的 CPⅢ控制点中间,与近处控制点之间的距离一般应不小于 15 m,全站仪自由设站点精度应满足表 1 – 22 的要求。

表 1 – 22　自由设站点精度要求

项目	X	Y	H	方向
中误差	≤0.7 mm	≤0.7 mm	≤0.7 mm	≤2″

完成自由设站后,CPⅢ控制点坐标不符值应满足表 1 – 23 的要求。当 CPⅢ控制点坐标不符值大于表中限值时,该 CPⅢ控制点不应参与平差计算。每一测站参与平差计算的 CPⅢ控制点不应少于 3 个。

表1-23　CPⅢ控制点坐标不符值限差要求

项目	*X*	*Y*	*H*
控制点余差	≤2.0 mm	≤2.0 mm	≤2.0 mm

(4)全站仪与轨道几何状态测量仪的观测距离宜为5~80 m。

(5)采用轨道几何状态测量仪对轨道进行连续测量。全站仪设站后，轨道几何状态测量仪由近及远，匀速(速度控制在1 m/s以内)推动进行测量。

(6)更换测站重新设站后，两站间动态测量应有一定长度(约为1 m)的搭接；区段测量搭接长度宜为一站(该测站不应小于50 m)；同一点位的横向和高程的相对偏差均不应超过±2 mm，如果复测超限，应重新设站后再次观测。

(7)车站道岔区应单独测量，应将道岔直股前后200 m的线路纳入道岔精调单元，统一完成精测、精调作业。

5. 模拟调整

轨道模拟调整工作应以相对精度及平顺性为主，调整的整体思路为分析轨道偏差示意图，采用"削峰填谷"的方式(图1-13)消除超限处，优化波形图，实现直线顺直、曲线圆顺、过渡顺畅。调整过程严格控制周期性不平顺，特别是注重轨向、高低及水平10~20 m周期性不平顺的控制。模拟调整的顺序如下。

(1)明确基准轨：平面和轨向以外轨(曲上轨)为基准，高程和高低以内轨为基准。

(2)先整体，后局部。特别是在长波不佳的区段，可首先基于平面和高程偏差整体曲线图，大致标出期望的线路走向或起伏状态，先分析整体调整方案，再细化局部调整方案。

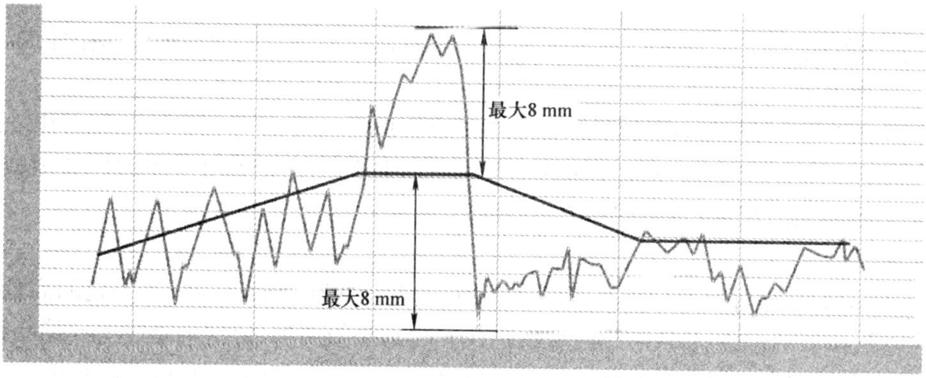

图1-13　削峰填谷示意图

(3)先轨向，后轨距。轨向的优化通过调整基准轨的平面位置来实现，非基准轨的平面位置利用轨距及轨距变化率来控制；单独轨距超限只横向调整非基准轨即可。

①平面基准轨偏差导致轨向不平顺时，首先通过调整基准轨使轨向满足要求，然后通过调整非基准轨使轨距和轨距变化率满足要求。

②平面非基准轨偏差导致轨距不平顺时，在轨向良好的情况下，直接调整非基准轨使轨距和轨距变化率满足要求。

(4)先高低，后水平。高低的优化通过调整基准轨的高程来实现，非基准轨的高程利用水平超高和扭曲(水平变化率)来控制;单独水平超限只竖向调整非基准轨即可。

①高程基准轨偏差导致高低不平顺时,首先通过调整基准轨使高低满足要求,然后通过调整非基准轨使水平和扭曲满足要求。

②高程非基准轨偏差导致超高不平顺时,在高低良好的情况下,直接调整非基准轨使水平和扭曲满足要求。

(5)曲线调整。缓和曲线零缺陷调整时,对静态几何尺寸(特别是方向、水平、超高)务必严格控制,实现平顺过渡。与缓和曲线衔接的150 m 直线段轨道精度务必达标,尽可能使与曲线上股(高股)同侧的钢轨比另一股钢轨略高,忌在缓和曲线头出现反超高和反弯;圆曲线方向、超高应严格控制,曲线全长范围内钢轨外口扣件与轨底外侧(特别是曲上股)必须密贴,扣件扭力矩必须达到设计要求。

(6)道岔调整。总体上与正线轨道精调一致,但因为道岔本身结构较为复杂,还需要注意以下几个方面的内容。

①平面及高程位置要求比正线轨道要严格。

②道岔轨道状态测量前,除了检查扣件弹条与轨距块的密贴以及扣件扭力矩外,还应该检查各项密贴(钢轨外口轨底与垫板挡肩,顶铁与尖轨、心轨轨腰,尖轨、心轨轨底与滑床板,尖轨与基本轨,心轨与翼轨等)状况。

③道岔精调坚持以直股为主的原则,且道岔直股应将道岔前后200 m 的线路纳入道岔精调单元,统一完成精调。除满足各项平顺指标外,道岔精调还应综合考虑辙岔支距的要求。(推荐采用由道岔向两侧过渡段顺延精调的方法)

④渡线及两组道岔间距不足300 m 时,应统一完成测量调整。

6. 偏差分析、扣件统计

模拟调整完成后,生成统计表(表1 -24),根据调整方案确定调整部位和扣件规。

7. 现场标示

根据模拟调整量报表,在需要更换扣件的钢轨顶面位置上用石笔标出起点和终点(左右股分别标注),用道尺和弦线进行确认,并在承轨台头位置标示出平面的调整量和方向,在钢轨顶面标示出高程或水平的调整量,如图1 -14 所示。

8. 轨道调整

(1)轨道调整通过更换扣件来实现,精调前宜先调基准轨的轨向和另一轨的高低,再调两轨的轨距和水平;轨距和轨向用绝缘轨距块和轨距挡板调整,道岔则通过更换偏心锥或缓冲调距块,高低和水平用垫板调整。为避免反复调整不能到位的情况,应严格按照顺序调整轨道,在基准轨调整到位之前不得调整非基准轨。

(2)根据调整量表以及现场标示摆放需要更换的调整件,如图1 -14 所示。

(3)更换扣件时,每次拆除扣件不得超过5 个承轨台(防止胀轨),并且在更换扣件区段两端各松开1 ~2 个扣件(只松开,不拆除),确保扣件更换能达到预期目的和平顺过渡,调整过程要按照"摆(调整件)、松(螺栓)、拆(扣件)、顶(钢轨)、清(杂物)、装(调整件)、紧(螺栓)、查(扭矩)、记(台账)"9 个步骤完成。

(4)两股轨道调整完毕后,记录现场实际调整件的部位、规格和数量,建立台账;用道尺和弦线复测,并记录实际轨距、水平的偏差值。

表 1－24　统计表

轨道检测数据汇总表[统计分析]												
作业单位	高程基准	平面基准	承轨台数	左轨承轨台	高程调整数	右轨承轨台	高程调整数	左轨承轨台	横向调整数	右轨承轨台	横向调整数	维护等级
2013/7/11 9:12	左轨	右轨	1640	674	87.63%	678	76.05%	691	76.76%	696	77.40%	0
绝对偏差统计												
高程偏差	[<-10]	[-10,-8]	[-8,-5]	[-5,-4]	[-4,-2]	[-2,0]	[0,2]	[2,4]	[4,5]	[5,8]	[8,10]	[>10]
个数	0	0	0	0	8	121	355	250	35	0	0	0
百分比	0.00%	0.00%	0.00%	0.00%	1.06%	16.71%	46.23%	32.47%	4.55%	0.00%	0.00%	0.00%
轨道现状分析统计												
高低[10*a*,5*a*]	[<-3]	[-3,-2]	[-2,-1.5]	[-1.5,-1]	[-1,-0.5]	[-0.5,0]	[0,0.5]	[0.5,1]	[1,1.5]	[1.5,2]	[2,3]	[>3]
个数	3	14	35	57	119	165	135	99	73	44	11	5
百分比	0.39%	1.82%	4.55%	8.70%	15.45%	21.43%	17.53%	12.85%	9.48%	5.71%	1.43%	0.65%
调整量统计												
高程下调	[0,0.3]	[0.5]	[1]	[1.5]	[2]	[2.5]	[3]	[3.5]	[4]	[4.5]	[5]	[>5]
左轨个数	95	55	39	8	2	0	0	0	0	0	0	0
右轨个数	192	90	45	25	17	7	4	1	0	0	0	0
调整后轨道状态统计												
高低[10*a*,5*a*]	[<-3]	[-3,-2]	[-2,-1.5]	[-1.5,-1]	[-1,-0.5]	[-0.5,0]	[0,0.5]	[0.5,1]	[1,1.5]	[1.5,2]	[2,3]	[>3]
个数	0	0	0	0	21	364	357	28	0	0	0	0
百分比	0.00%	0.00%	0.00%	0.00%	2.73%	47.27%	46.36%	3.64%	0.00%	0.00%	0.00%	0.00%

图 1－14　调整量现场标示图

9. 轨道复检

扣件调整或更换完成后用道尺和弦线进行检测，然后用 SIWEI 轨测检测仪进行检核测量，并对超限地段进行反复调整、动静态数据比对（图 1－15、图 1－16），直至轨道平顺性满足动态检测标准要求，并按相关规定整理提交检测成果资料。

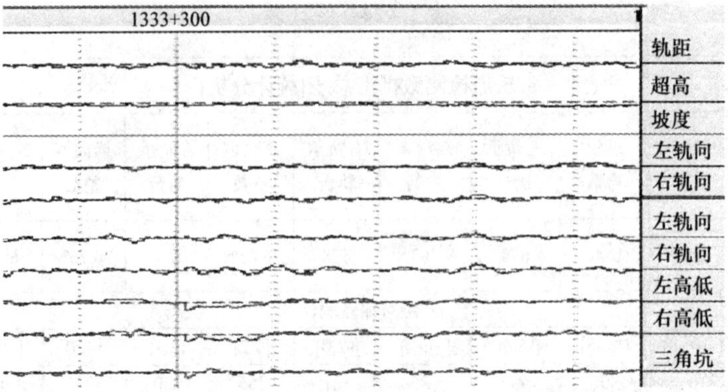

图 1－15　轨道动态检测分析图

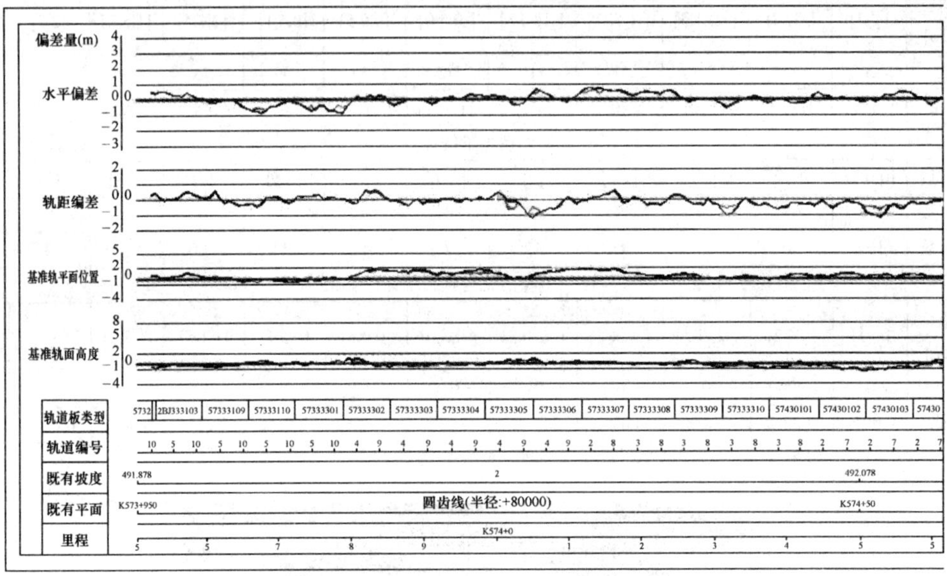

图 1－16　轨道静态检测偏差调整示意图

10. 注意事项

(1)使用 SIWEI 轨测检测仪进行轨道精调时应选择较好的气象条件;轨道测量前一定注意检查扣件弹条与绝缘轨距块的密贴情况以及扣件扭力矩的大小,严禁在假轨距的情况下采集数据。

(2)与缓和曲线衔接的 150 m 直线段轨道精度务必达标,尽可能使与曲线上股(高股)同侧的钢轨比另一股钢轨略高,忌在缓和曲线头出现反超高和反弯曲情况。

(3)车站道岔应单独测量,应将道岔直股段前后 200 m 的线路纳入道岔精调单元,统一完成精调作业。道岔精调除满足各项平顺指标外,还应综合考虑辙岔支距的要求。高速道岔精调整理应遵循“先轨向、后轨距,先高低、后水平,先直股、后曲股,先整体、后局部”和“尖轨、辙岔部位尽量少动和两端线路顺接”的原则。

(4)渡线、站线应依据设计区段的划分,统一完成精调。

(5)为避免反复调整不能到位的情况,应严格按照顺序调整轨道,基准轨调整到位之前不得调整非基准轨。

(6)施工作业之前应对机具进行全面检查,以保证各部位运转正常,不出现漏油现象;并准备好塑料袋、抹布等,以便在作业过程中如遇漏油现象发生,可以对漏油部位进行包裹,对作业面上的油污进行擦除等;所有工具、材料的包装材料及作业过程中产生的其他垃圾,必须及时清理并用编织袋分类存放,进行统一回收处理。

(7)轨道几何平顺状态直接关系到轨道能否满足高速行车的平稳性和舒适性的要求,因而作业不能掉以轻心,务必精心作业、仔细调整,力争将下一步动态调整量降到最低,不留缺陷、不存侥幸,切不可将缺陷带到联调联试期间。

11. 资料整理

轨道精调完成后,提交资料文件详细内容清单,如表 1-25 所示。

表 1-25　提交资料文件内容清单

序号	提交资料文件内容	备注
1	测量成果报表	
2	测量成果波形分析图	
3	轨道静态调整量表、调整量使用情况统计表	
4	使用仪器设备检校报告	
5	技术总结报告	
6	轨道精调资料	
7	单位资质	

五、任务小结

通过本任务的学习,学生可以掌握无砟轨道的精测精调基本作业方法(如全站仪的架设、轨道检查小车的使用等);熟悉轨道精调时应遵守的相关规定,严格按照顺序调整轨道(如基准轨调整到位之前不得调整非基准轨等);了解和认识轨道精测网的测设原理及应用。

练　　习

1. 无砟轨道测量控制网的作用是什么?
2. 轨道精调作业流程是什么?
3. 怎样实现轨道调整?调整的步骤有哪些?

项目二　高速铁路钢轨养护修理

一、学习目标

（一）知识目标

了解高速铁路无砟轨道钢轨的使用规定；熟悉钢轨的类型、伤损标准及伤损主要类型；掌握高速铁路钢轨养护维修的作业程序和要求。

（二）技能目标

能熟练使用仪器设备完成高速铁路钢轨的养护与维修，使轨道处于良好的技术状态。

（三）情感目标

激发学生积极主动探索新知识的学习兴趣和热情，培养学生团队合作意识和有效沟通的能力。

二、任务描述

（一）任务实施环境

本任务首先在标准多媒体教室进行高速铁路钢轨养护修理预备知识的讲授，然后在铁路线路演练场完成操作练习。铁路线路演练场应具备不短于60 m的CRTS Ⅰ型无砟轨道线路。

（二）任务目的

通过本任务的学习，使学生熟悉高速铁路钢轨类型、伤损标准及伤损主要类型和高速铁路钢轨养护修理作业程序和要求，能够合作完成高速铁路钢轨伤损检查及判别等一系列养护维修工作，并激发学生积极主动探索新知的学习兴趣和热情，培养学生合作意识和有效沟通的能力。

三、知识平台

（一）钢轨的使用规定

高速铁路正线、到发线应采用60 kg/m无螺栓孔新型钢轨，其他站线应铺设50 kg/m钢轨。120 km/h及以上高速客运铁路应选用U71MnG，强度等级为880 MPa热轧钢钢轨；120～250 km/h的高速客货混运铁路应选用U75VG，强度等级为980 MPa热轧钢钢轨。其中，U表示钢轨钢，71、75表示化学成分中碳平均含量为0.71%、0.75%，V表示钒元素，Mn表示锰元素，G表示高速铁路。

高速铁路钢轨应具备安全使用性能好、几何尺寸精度高、平直度高的特点，同时要求钢轨的实物质量达到高纯净、高平直、高精度、长定尺，这就要求钢轨钢质洁净、韧塑性高、焊接性能优良、表面基本无原始缺陷。

（二）钢轨长度及类型

（1）高速铁路正线应采用符合相应技术标准的100 m定尺轨，短尺轨长度有95 m、96 m、97 m和99 m四种。

(2)高速铁路正线采用的60 kg/m 钢轨如图2-1所示。

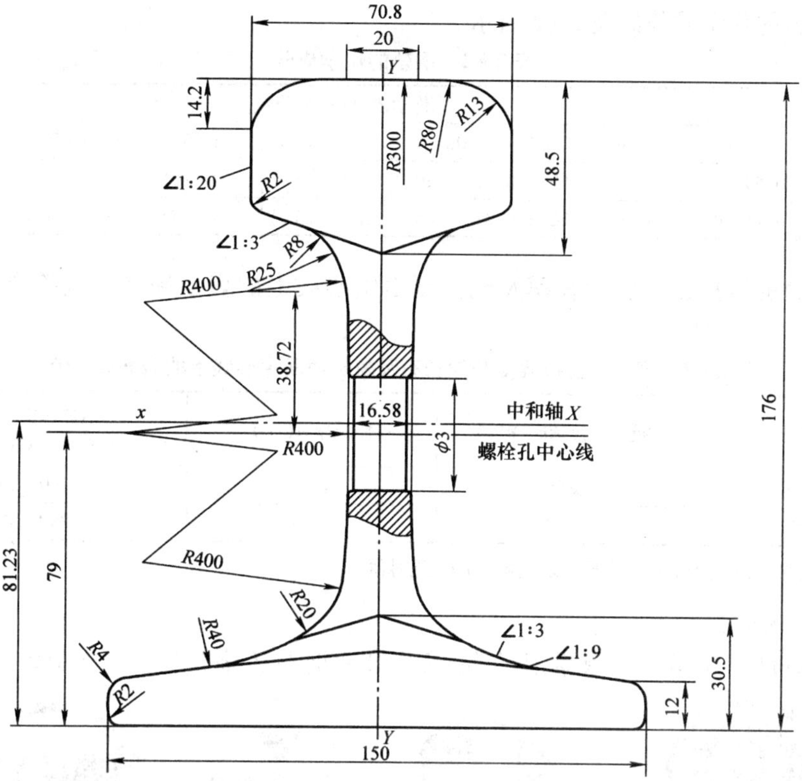

(a)

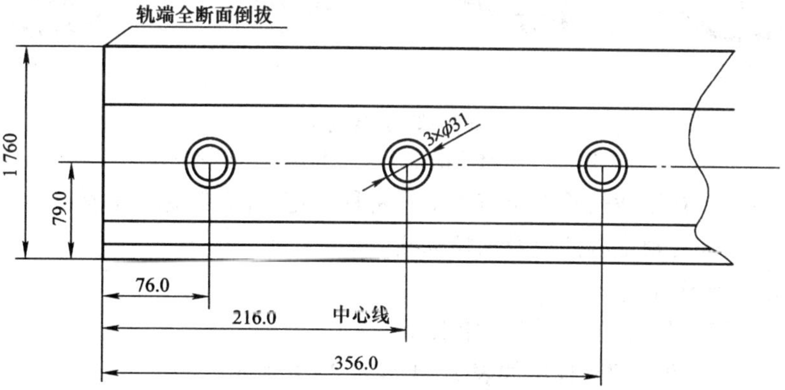

(b)

图2-1　60 kg/m 钢轨

(a)60 kg/m 钢轨断面　(b)60 kg/m 钢轨螺栓孔布置图

(3)钢轨计算数据如表2-1所示。

表2-1　60 kg/m 钢轨计算数据

钢轨断面类型(kg/m)	理论质量(kg/m)	横断面(cm^2)	重心距轨底距离(cm)	重心距轨头距离(cm)	对水平轴线的惯性力矩(N·m)	对垂直轴线的惯性力矩(N·m)	下部断面系数	上部断面系数	底侧边断面系数
60	60.80	77.45	8.12	9.48	3 217	524	396	339.6	69.9

（三）钢轨材质

（1）钢轨的化学成分如表 2－2 所示。

表 2－2　钢轨的化学成分

钢牌号	化学成分（质量分数）						
	w(C)	*w*(Si)	*w*(Mn)	*w*(P)	*w*(S)	*w*(V)	*w*(Al)
U71MnG	0.65～0.75	0.15～0.58	0.70～1.20	≤0.025	≤0.025	≤0.030	≤0.004
U75VG	0.71～0.80	0.50～0.70	0.75～1.05	≤0.025	≤0.025	0.04～0.08	≤0.004

（2）钢轨的抗拉强度和伸长率及轨头顶面中心线上的表面硬度值应符合表 2－3 的规定。

表 2－3　钢轨的抗拉强度和伸长率及轨头顶面中心线上的表面硬度值

钢牌号	抗拉强度 *Rm*（MPa）	伸长率 *A*（%）	轨头顶面中心线硬度 HBW（HBW10/3 000）
U71MnG	≥880	≥10	260～300
U75VG	≥980	≥10	280～320

注：热锯取样检验时，允许断后伸长率比规定值降低 1%（绝对值）。

（四）钢轨标志

我国钢轨生产厂家主要有攀钢、包钢、鞍钢和武钢 4 家，各厂家标志如图 2－2 所示。

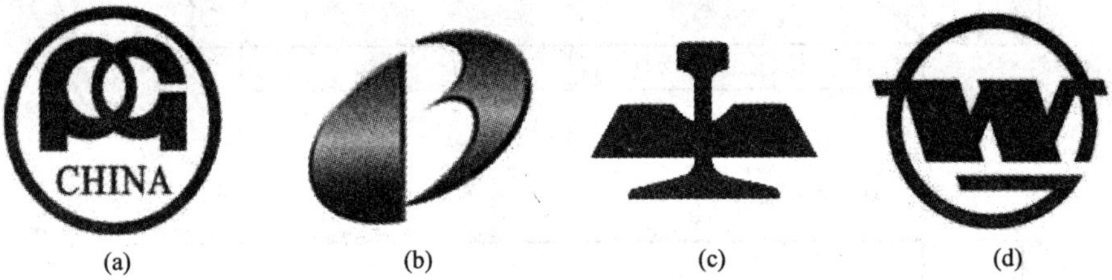

图 2－2　厂家标志

（a）攀钢标志　（b）包钢标志　（c）鞍钢标志　（d）武钢标志

钢轨标准规定，在钢轨轨腰部位需要采用两种标记，即轧制标志和热压印标志，同时还规定了其他标志，如在轨端刷漆以及粘贴标签。

（五）钢轨伤损标准

钢轨伤损按程度分为轻伤、重伤和折断 3 类。

（1）钢轨轻伤和重伤评判标准如表 2－4 至表 2－6 所示。

表 2－4　钢轨轻伤和重伤评判标准

伤损项目	伤损程度		备注
	轻伤	重伤	
钢轨头部磨耗	磨耗量超过表 2－5 所列限度之一者	磨耗量超过表 2－6 所列限度之一者	—
轨顶面擦伤	200～250 km/h，深度大于 0.5 mm	200～250 km/h，深度大于 1 mm	—
	250（不含）～350 km/h，深度大于 0.35 mm	250（不含）～350 km/h，深度大于 0.5 mm	—

续表

伤损项目		伤损程度		备注
		轻伤	重伤	
剥离掉块		—	有	—
波形磨耗		—	谷深≥0.2 mm	—
焊接接头低塌		0.2 mm < 低塌 < 0.4 mm	低塌≥0.4 mm	1 m 直尺测量
钢轨表面裂纹		—	出现轨头下颚水平裂纹（透锈）、轨腰水平裂纹、轨头纵向裂纹、轨底裂纹等	不含轮轨接触疲劳引起轨顶面表面或近表面的鱼鳞裂纹
超声波探伤缺陷	焊接及材质缺陷	焊接缺陷或钢轨内部材质缺陷未达到判定废弃标准，但与判定废弃标准差值小于 6 dB	焊接缺陷或钢轨内部材质缺陷达到判定废弃标准	—
	内部裂纹	—	纵向、横向、斜向及其他裂纹和内部裂纹造成的踏面凹陷（隐伤）	—
钢轨锈蚀		—	经除锈后，轨底厚度不足 8 mm 或轨腰厚度不足 12 mm	—

注：谷深为相邻波峰与波谷间的垂直距离。

表 2－5　钢轨头部磨耗轻伤标准

名称	总磨耗(mm)	垂直磨耗(mm)	侧面磨耗(mm)
区间钢轨、导轨	9	8	10
基本轨、翼轨	7	6	8
尖轨、心轨、叉跟尖轨	6	4	6

注：1. 总磨耗＝垂直磨耗＋1/2 侧面磨耗。

2. 对于导轨、翼轨及尖轨、心轨、叉跟尖轨全断面区段，垂直磨耗在钢轨顶面宽 1/3 处（距标准工作边）测量；对于尖轨、心轨、叉跟尖轨机加工区段，垂直磨耗自轨头最高点测量。

3. 侧面磨耗在钢轨踏面（按标准断面）下 16 mm 处测量。

4. 磨耗影响转换设备安装时，按重伤处理。

5. 基本轨、翼轨、尖轨、心轨磨耗会影响密贴及轨件高差，磨耗的轻重伤标准应较区间钢轨严格。

表 2－6　钢轨头部磨耗重伤标准

名称	垂直磨耗(mm)	侧面磨耗(mm)
区间钢轨、导轨	10	12
基本轨、翼轨	8	10
尖轨、心轨、叉跟尖轨	6	8

2. 钢轨折断标准

钢轨折断是指发生下列情况之一者：①钢轨全截面断裂；②裂纹贯通整个轨头截面（钢轨横断面分区定义，如图 2－3 所示）；③裂纹贯通整个轨底截面；④钢轨顶面上有长度 30 mm 且深度大于5 mm的掉块。

线路上临时插入的断轨，长度不得短于 6 m，不得连续插入，且必须尽快恢复。临时插入短轨的线路允许速度不得大于 160 km/h。

（六）钢轨伤损主要类型

高速铁路钢轨常见伤损类型有波浪形磨耗、踏面接触疲劳裂纹（又称“鱼鳞状裂纹”）、核伤、焊缝内部缺陷等。

1. 波浪形磨耗

波浪形磨耗是指钢轨轨面沿长度方向出现周期性的不均匀塑性变形和磨耗，使钢轨全长呈现波浪形状的不平顺(图2-4)。波浪形磨耗的波谷处有明显塑性变形，使踏面碾宽或出现碾边，轮轨接触光带变宽。波峰处踏面的塑性变形量明显小于波谷，接触光带变窄。波峰、波谷踏面光带的明暗程度也有差异。

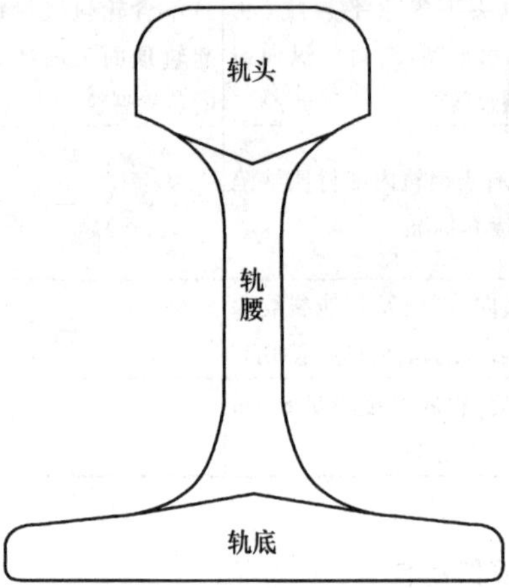

图2-3 钢轨横断面分区定义

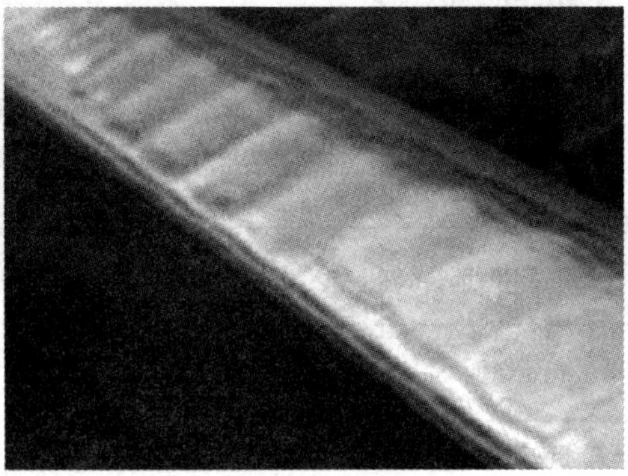

图2-4 波浪形磨耗

2. 踏面接触疲劳裂纹

踏面接触疲劳裂纹是指轨头踏面在轮轨接触应力作用下形成的沿钢轨全长密集分布的表面裂纹，通常称为“鱼鳞状裂纹”。裂纹的扩展方向与行车方向有关，用手指顺行车方向摸探剥离裂纹时有刺手感。

3. 内部裂纹

内部裂纹又称“核伤”，是指钢轨内部的制造缺陷(冶金缺陷、热处理缺陷等)在运动荷载作用下形成和扩展的疲劳裂纹或脆性裂纹，在内部裂纹未扩展到钢轨表面时，钢轨断裂的断口具有金属光泽，一般现场称之为“白核”；当内部裂纹已扩展到钢轨表面，由于受氧化腐蚀作用，使断口呈暗褐色，现场称之为“黑核”，如图2-5、图2-6所示。

图2-5 钢轨侧面磨损及轨头侧面核伤

4. 焊接接头内部缺陷

钢轨焊接接头内部缺陷分闪光焊接头内部缺陷和铝热焊接头内部缺陷。

1）闪光焊接头内部缺陷

闪光焊接头内部缺陷主要是指接头内部存在的灰斑夹杂、疏松等缺陷，这些缺陷都有可能形成裂纹并引起钢轨断裂。灰斑夹杂是指位于焊缝处含有 Si、Mn 等元素的夹杂物。钢轨闪光焊时，对接焊口金属在高温熔化时形成的氧化物或硅酸盐夹杂物未能完全从焊缝中挤掉而留在焊缝区域，就会形成沿熔化线方向分布的不规则形状块状夹杂物。疏松缺陷是指钢轨对接处的局部金属高温熔化成液态金属，在顶煅时没有被挤出焊口，冷却凝固时发生收缩，由于没有液态金属的补充，就会形成收缩孔洞或形成分散的显微缩孔，称为疏松缺陷或疏松裂纹。

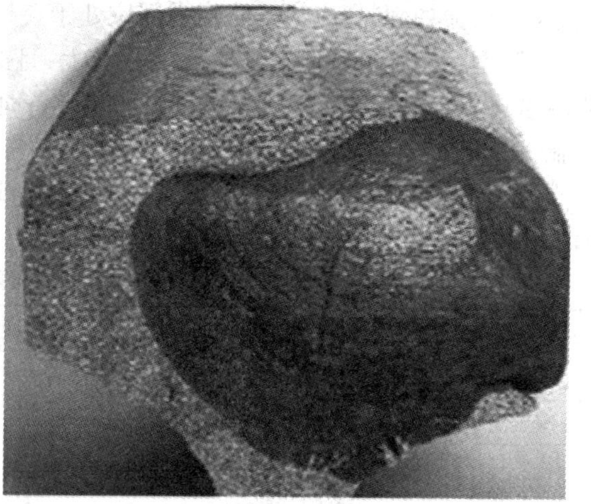

图2-6　轨头核伤

2）铝热焊接头内部缺陷

铝热焊接头内部的伤损主要有由于焊接工艺控制不良，焊筋边缘溢流飞边引起的疲劳断裂，焊肉组织异常、疏松、气孔、热裂纹和未焊合等缺陷及引起的疲劳和脆性断裂。

当砂模密封不严或焊缝未对正，浇铸时钢水从缝隙处溢出，在焊筋边缘的钢轨表面形成溢流飞边，与钢轨表面形成类似疲劳裂纹，并发展成横向断裂。钢水的流失、补缩量的不足，还可能导致在接头最后的冷却凝固部位出现收缩孔、疏松或夹渣等缺陷，造成钢轨的低周疲劳断裂。

当焊剂成分异常有可能导致在焊缝区域出现粗大块状铁素体或在焊缝全断面出现马氏体等异常组织，导致钢轨从内部产生疲劳裂纹，或发生脆性断裂。

铝热焊缝处铸造组织在高温状态下及凝固前，受拉应力作用在晶界萌生裂纹并沿晶界或穿晶扩展形成裂纹。热裂纹处组织具有粗晶特征，通常位于焊缝尺寸较大的焊筋中部，沿横向扩展，断口有发蓝的氧化色或温度色。

铝热焊接过程中，钢轨端面预热温度不够或钢水的温度偏低时，待焊钢轨端面没有完全被熔化，未能实现熔化结合，造成未焊合缺陷。

四、任务实施

（一）钢轨修理要求

1. 钢轨综合修理

（1）为预防和整治钢轨病害，改善轮轨匹配关系，延长钢轨使用寿命，应做好钢轨修理工作。

（2）当钢轨出现表2-7中所列表面轻伤及其他表面伤损时，应及时进行修复，或采用无损加固处理。

（3）当发现钢轨内部轻伤有发展时，应采用无损加固处理。

(4)伤损加固时,应尽量使伤损部位处于夹板中部,严禁夹板与焊筋接触。

(5)钢轨钻孔位置应在螺栓孔中心线上,且必须倒棱。两螺栓孔净距不得小于大孔径的两倍。其他专业需在钢轨上钻孔或加装设备时,必须经铁路局工务处同意并委托工务部门施工。

(6)严禁焊补钢轨,严禁使用火焰切割钢轨或烧孔,严禁使用剁子和其他工具强行截断钢轨及冲孔,严禁锤击轨底。

表2-7　钢轨病害整治限度

钢轨病害	限度		测量方法
	200~250 km/h	250(不含)~350 km/h	
钢轨肥边	>1 mm	>0.8 mm	直尺、深度尺测量
轨顶面擦伤	长度15~25 mm,且深度大于或等于0.35 mm	长度15~25 mm,且深度大于或等于0.35 mm	
硬弯	>0.3 mm	>0.2 mm	1 m直尺测量矢度
焊缝(接头)轨顶面低塌或马鞍形磨耗	>0.3 mm	>0.2 mm	
波形磨耗	钢轨表面有周期性波磨,平均谷深超过0.04 mm,波长不大于300 mm	钢轨表面有周期性波磨,平均谷深超过0.04 mm,波长不大于300 mm	测试精度0.01 mm及以上,且测试长度不小于采样窗长度
表面局部微细疲劳裂纹(鱼鳞纹)	肉眼可见	肉眼可见	目视
尖轨扭转、硬弯、尖轨磨耗、心轨磨耗造成光带异常并影响行车稳定性时	降低值偏差超过1 mm,水平、垂向加速度三级超限	降低值偏差超过1 mm,水平、垂向加速度三级超限	综合检测列车

2. 钢轨重伤处理

发现钢轨重伤时,应立即进行处理。

(1)对钢轨核伤和焊缝重伤可进行加固处理,并在适宜温度及时进行永久处理;在实施永久处理前应加强检查,发现伤损发展时,应按照钢轨折断及时进行紧急处理、临时处理或永久处理。

(2)对裂纹和可能引起轨头揭盖的重伤,应按照钢轨折断进行紧急处理、临时处理或永久处理。

(3)对其他重伤可采取修理或焊复方法处理,处理前可根据现场实际情况采取限速措施。

3. 钢轨折断处理

发现钢轨折断时应立即封锁线路,并根据现场情况采取紧急处理、临时处理或永久处理。

1)紧急处理

当断缝不大于30 mm时,可在断缝处上夹板或臌包夹板,用急救器加固,拧紧断缝前后各 50 m 范围内的扣件，并派专人看守，按不超过 45 km/h 的速度放行列车，且邻线限速不超过 160 km/h。

紧急处理后，应在断缝两侧轨头非工作边做出标记（标记间距一般为 26 m），并准确丈量两标记间距离和轨头非工作边一侧断缝值，做好记录。

2）临时处理

当钢轨折损严重、断缝超过 30 mm 或紧急处理后不能及时进行永久处理时，应切除伤损部分，在两锯口间插入长度不短于 6 m 的同型号钢轨，轨端钻孔，安装接头夹板，用 10.9 级螺栓拧紧，拧紧短轨前后各 50 m 范围内的扣件，按不超过 160 km/h 速度放行列车。

临时处理前，应在断缝两侧轨头非工作边做出标记（标记间距一般为 26 m），并准确丈量两标记间距离和轨头非工作边一侧断缝值，做好记录。

3）永久处理

对紧急处理或临时处理处所，宜于当日天窗内采用原位焊复或插入短轨焊复处理。进行焊复处理时，应保持无缝线路锁定轨温不变。作业轨温宜低于实际锁定轨温 0 ~ 20 ℃。当采用插入短轨焊复时，短轨长度不得小于 20 m。

4）钢轨焊接

钢轨焊接应按照《钢轨焊接》（TB/T 1632—2005）的规定执行，并满足下列要求。

（1）焊接宜采用具有拉伸、保压功能的焊接设备。

（2）焊接作业轨温应不低于 5 ℃，且应避免大风和雨雪等不良天气。必须在不良天气进行焊轨作业时，应采取相应措施，并使环境温度高于 5 ℃；推凸后应采用石棉或其他材料覆盖直至轨温降至 300 ℃以下。

（3）钢轨焊接后应对焊缝进行探伤检查。

（4）焊接作业结束后，应测量原标记间距离，计算焊接作业范围内锁定轨温。

5）钢轨抢修

发现道岔尖轨、基本轨、可动心轨、翼轨折断时应立即封锁线路，尽快进行更换。当抢险机具及备用轨件不能及时到达现场时，可采取以下措施进行处理。

（1）断缝位于尖轨与基本轨、可动心轨与翼轨密贴范围以外，且易于加固的处所时，按钢轨折断处理办法进行紧急处理或临时处理；限速条件同钢轨折断处理。

（2）断缝位于尖轨与基本轨、可动心轨与翼轨密贴段范围以内，无法按钢轨紧急处理方法加固处理时，根据现场实际情况，确定道岔开通位置，工务紧固，车务加锁（或控制台单锁），可按限速不超过 45 km/h 放行列车，同时每趟列车通过后检查轨道状态，邻线限速不超过 160 km/h。

（3）道岔尖轨、基本轨、可动心轨、翼轨折断处理技术要求同钢轨折断处理。

4. 胶接绝缘接头拉开处理

胶接绝缘接头拉开时，应立即复紧两端各 50 m 线路的扣件，限速不超过 160 km/h，并及时进行永久处理。绝缘失效时，应立即于当日天窗时间更换，进行永久处理。

（二）钢轨打磨作业

1. 钢轨打磨方法

（1）钢轨（包括正线、道岔和调节器）打磨分为预打磨、预防性打磨和修理性打磨。钢轨预打磨应在轨道精调完成后进行。钢轨预防性打磨周期按通过总重和钢轨运用状态确定，原则上每30～50 Mt通过总重打磨一次，最长不宜超过2年。道岔钢轨打磨周期应与正线钢轨打磨周期相同。当钢轨出现波磨、鱼鳞裂纹等伤损时，应及时进行修理性打磨。

(2)可采用钢轨打磨列车或铣磨车打磨或铣磨钢轨。钢轨焊接接头可采用小型打磨机械打磨，严禁使用手砂轮打磨。

(3)钢轨预防性打磨廓形宜根据钢轨表面状态、轮轨接触情况综合设计。未进行打磨廓形设计时，可根据线路运行动车组类型，参考钢轨预打磨廓形对钢轨进行打磨。

(4)钢轨修理性打磨方案应根据波磨、鱼鳞裂纹等表面伤损程度，比照(3)款规定确定，打磨后应保证伤损得到消除。

(5)钢轨打磨质量技术应符合以下要求。

①打磨廓形应符合设计要求，并采用模板或钢轨轮廓(磨耗)测量仪进行打磨廓形检查和验收。钢轨打磨作业后应满足表2－8和表2－9的要求。

表2－8　钢轨打磨作业验收标准

项目	验收标准(mm)	测量方法	说明
钢轨母材轨头内侧工作面	+0.2 0	1 m直尺测量矢度	“+”表示凹进钢轨母材轨顶基面
钢轨母材轨顶面或马鞍形磨耗	+0.2 0		“+”表示凸出
焊缝顶面	+0.2 0		“+”表示凸出
焊缝内侧工作面	+0.2 0		“+”表示凹进

表2－9　钢轨波磨打磨作业验收标准

项目	验收标准				测量方法	说明
波长(mm)	10～30	30～100	100～300	300～1 000	—	—
采样窗长度(mm)	600	600	1 000	5 000	—	—
谷深平均值(mm)	0.02	0.02	0.03	0.15	测试精度0.01 mm及以上，且测试长度不小于采样窗长度	打磨作业完成后8天内或在打磨后通过总重30万吨之前测量
允许超限百分率	5%	5%	5%	5%	连续测量打磨波磨钢轨长度100 m	—

②应使用便携式粗糙度检测仪检测粗糙度，在10 mm范围内同一个钢轨打磨面上，沿与钢轨打磨痕迹垂直方向进行表面粗糙度测量，至少连续测量6个点，打磨面粗糙度不大于10 μm。

③打磨面最大宽度(图2－7)：R13区域为5 mm，R80区域为7 mm，R300区域为10 mm。

④沿钢轨100 mm长度范围内，打磨面宽度最大变化量不应大于打磨面最大宽度

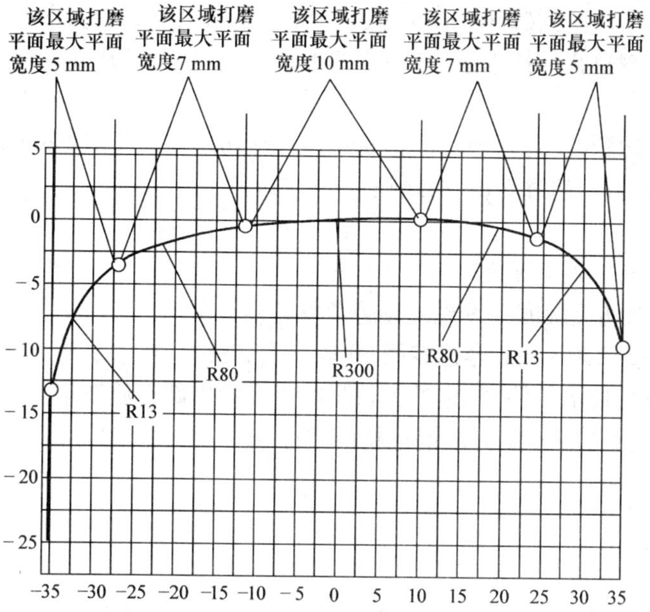

图2－7　打磨面最大宽度示意图(mm)

的25%。

⑤打磨后接触光带应居中，且宽度为20～30 mm。钢轨打磨面应无连续发蓝带。

2. 钢轨打磨作业技术要求

(1)打磨前应调查待打磨地段钢轨状况，每100 m采用钢轨轮廓(磨耗)测量仪测试钢轨廓形，根据钢轨表面状态、钢轨伤损和轮轨接触情况，由线路维修和打磨技术人员共同研究确定打磨方案。

(2)打磨前应对影响正常打磨操作地段尤其是影响轨距角打磨的因素进行调查，并预先采取措施，以保证钢轨打磨正常进行。

(3)打磨前应对焊接接头轨面平直度进行检查。当超过标准时，应采用仿形打磨设备对焊接接头进行局部打磨。

(4)打磨前应在站线进行打磨参数调整试验，确认打磨廓形达到要求后，方可进行正式打磨。

(5)打磨车作业速度应根据打磨列车特性和打磨目的确定。

(6)最后一遍打磨应降低打磨功率或提高打磨速度，以保证钢轨打磨后表面粗糙度达标。

(7)应及时清理轨道板、钢轨表面上的打磨碎屑。

3. 正线道岔打磨

正线道岔打磨应充分考虑结构特点，打磨技术要求和验收标准与区间钢轨相同。

(三)钢轨探伤

钢轨伤损分为轻伤和重伤两种。

1. 轻伤

轻伤包括钢轨材质缺陷和焊接缺陷两种情况。

1）钢轨材质缺陷

钢轨材质缺陷指未达到《250 km/h 客运专线 60 kg/m 钢轨暂行技术条件》或《350 km/h 客运专线 60 kg/m 钢轨暂行技术条件》规定的钢轨报废程度，但差值不超过 6 dB 的缺陷。

2）焊接缺陷

焊接缺陷指未达到《工务作业标准钢轨超声波探伤作业》（TB/T 2658.9—1995）规定的焊缝报废程度，但差值不超过 6 dB 的缺陷。

2. 重伤

钢轨探伤检查有下列情况之一，即判为重伤。

（1）在规定的探伤灵敏度下发现的疲劳裂纹即判为重伤。

（2）达到或超过《250 km/h 客运专线 60 kg/m 钢轨暂行技术条件》或《350 km/h 客运专线 60 kg/m 钢轨暂行技术条件》规定的钢轨报废程度的内部材质缺陷。

（3）达到或超过《工务作业标准钢轨超声波探伤作业》（TB/T 2658.9—1995）规定的焊缝报废程度的焊接缺陷。

五、任务小结

通过本任务的学习，学生可以掌握高速铁路钢轨的养护维修（包括钢轨维修、钢轨焊接、钢轨打磨、钢轨探伤等）的知识与技能。熟悉钢轨的养护维修应贯彻“预防为主，防治结合，重检慎修”的原则。认识到坚持精确检测、精心分析、精细修理的过程控制，根据钢轨的使用状态及伤损变化规律和程度，合理安排钢轨的养护与维修，有效地预防和整治钢轨病害。

练　　习

1. 钢轨伤损有哪几类？并简述各自的伤损评判标准。
2. 钢轨折断时应采取的处理措施有哪些？并说明这些措施实施的方法。
3. 简述钢轨打磨作业的方法。

项目三　无砟轨道扣件修理及轨道几何尺寸调整作业

一、学习目标

（一）知识目标

了解高速铁路无砟轨道 WJ－7 型、WJ－8 型、W300－1 型和 SFC 型扣件组成及主要技术要求，掌握扣件及扣件预埋套管失效维修、CRTS Ⅰ型无砟轨道轨道几何尺寸调整作业程序和要求。

（二）技能目标

能熟练使用工具完成 CRTS Ⅰ型无砟轨道轨道几何尺寸调整作业，使轨道处于良好的技术状态。

（三）情感目标

激发学生积极主动探索新知识的学习兴趣和热情，培养学生团队合作意识和有效沟通的能力。

二、任务描述

（一）任务实施环境

本任务首先在标准多媒体教室进行无砟轨道主扣件型号及扣件的维修与无砟轨道轨道几何尺寸调整作业知识的讲授；然后在铁路线路演练场完成操作练习，铁路线路演练场应具备不短于 60 m 的无砟轨道线路。

（二）任务目的

通过本任务的学习，使学生掌握扣件及扣件预埋套管失效维修、CRTS Ⅰ型无砟轨道轨道几何尺寸调整作业程序和要求；能够合作完成无砟轨道扣件更换和维修；并激发学生积极主动探索新知识的学习兴趣和热情，培养学生合作意识和有效沟通的能力。

三、知识平台

钢轨扣件的作用是将钢轨固定在轨枕上，保持轨距和阻止钢轨相对于轨枕的纵向、横向移动。扣件应能够长期、有效地使钢轨与轨枕保持可靠的连接，并能在动力作用下充分发挥其缓冲减震性能，延缓轨道残余变形积累。因此，要求其应具有足够的强度、耐久性和一定的弹性，还应构造简单，便于安装及拆卸。

高速无砟轨道主要采用 WJ－7 型、WJ－8 型、W300－1 型和 SFC 型扣件，按无砟道床形式分为有挡肩和无挡肩扣件，如表 3－1 所示。

表 3－1　各型号对应的无砟道床形式

扣件类型	无砟道床形式
WJ－7 型	无挡肩
WJ－8 型	有挡肩
W300－1 型	有挡肩
SFC 型	无挡肩

（一）WJ－7 型扣件组成及主要技术要求

1. 扣件组成

（1）WJ－7 型扣件由 T 形螺栓、螺母、平垫圈、弹条、绝缘块、铁垫板、轨下垫板、绝缘缓冲垫板、重型弹簧垫圈、平垫块、橡胶垫板锚固螺栓和预埋套管等组成；为满足高低调整需要，还包括轨下调高垫板（或充填式垫板）、铁垫板下调高垫板，如图 3－1 至图 3－3 所示。

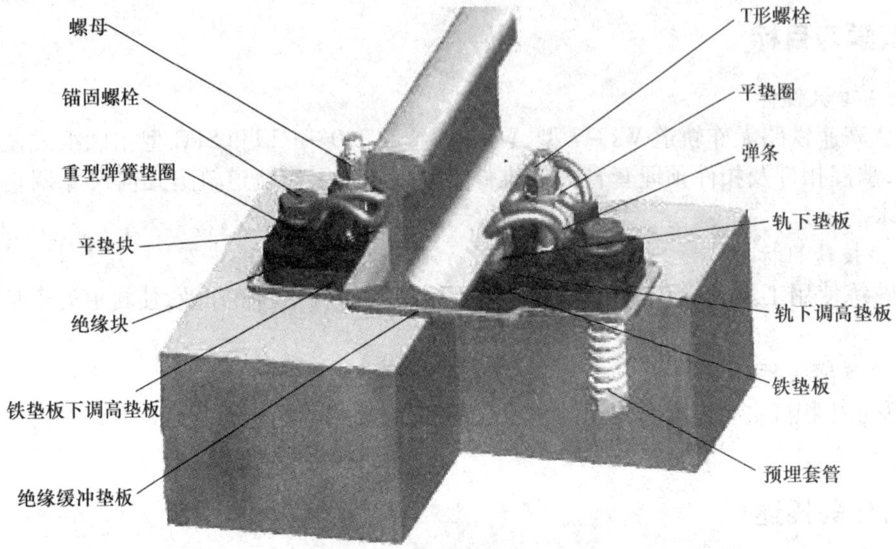

图 3－1　WJ－7 型扣件部件组成(1)

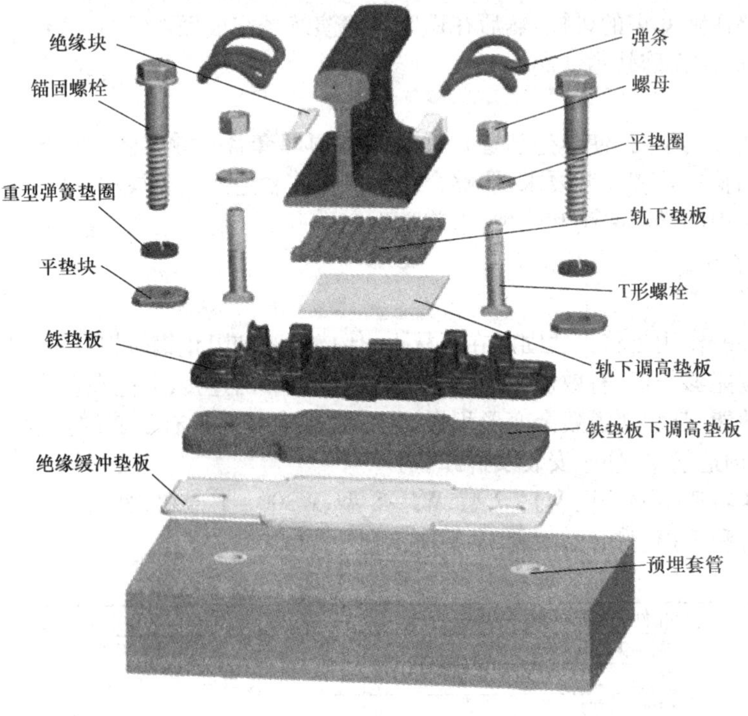

图 3－2　WJ－7 型扣件部件组成(2)

图 3－3　WJ－7 型扣件系统现场试铺

(2)弹条分为两种,即 W1 型弹条(直径为 14 mm)和 X2 型弹条(直径为 13 mm),其中桥上采用小阻力扣件时使用 X2 型弹条。

(3)轨下垫板分为 A、B 两类,A 类用于兼顾货运的高速铁路(厚度为 12 mm),B 类用于仅运行客车的高速铁路(厚度为 14 mm),每类又分为橡胶垫板和桥上采用小阻力扣件时配套使用的复合垫板。

2. 主要技术要求

(1)对 T 形螺栓应进行定期涂油,防止螺栓锈蚀,油脂性能应符合相关规定。

(2)预埋套管中应保证有一定的防护油脂,油脂性能应符合相关规定。

(3)安装铁垫板时,轨底坡方向应朝向轨道内侧。

(4)弹条安装标准:弹条中部前端下颚与绝缘块不宜接触,两者间隙不得大于 0.5 mm;使用扭矩扳手检测 T 形螺栓扭矩时,W1 型弹条为 100～140 N·m,X2 型弹条为70～90 N·m。

(5)弹条养护标准:弹条中部前端下颚与绝缘块不宜接触,两者间隙不得大于 1 mm;或使用扭矩扳手检测 T 形螺栓扭矩时,W1 型弹条为 100～140 N·m,X2 型弹条为70～90 N·m。

(6)锚固螺栓扭矩,对于 X2 型弹条为 300～350 N·m。

(7)钢轨与绝缘块、绝缘块与铁垫板挡肩间缝隙之和不得大于 1 mm。

(8)钢轨左右位置调整量为 ±6 mm。

(9)高低调整量为 −4～+25 mm。

(二)WJ－8 型扣件组成及主要技术要求

1. 扣件组成

(1)WJ－8 型扣件由螺旋道钉、平垫圈、弹条、绝缘块、轨距挡板、轨下垫板、铁垫板、铁垫板下弹性垫板和预埋套管等组成;为满足高低调整需要,还包括轨下微调垫板和铁垫板下调高垫板,如图 3－4 至图 3－6 所示。

(2)弹条分为两种,即 W1 型弹条(直径为 14 mm)和 X2 型弹条(直径为 13 mm),其中桥上采用小阻力扣件时使用 X2 型弹条。

(3)轨距挡板分为两种,即一般地段用轨距挡板和夹板处用接头轨距挡板。

图 3-4　WJ-8 型扣件部件组成(1)

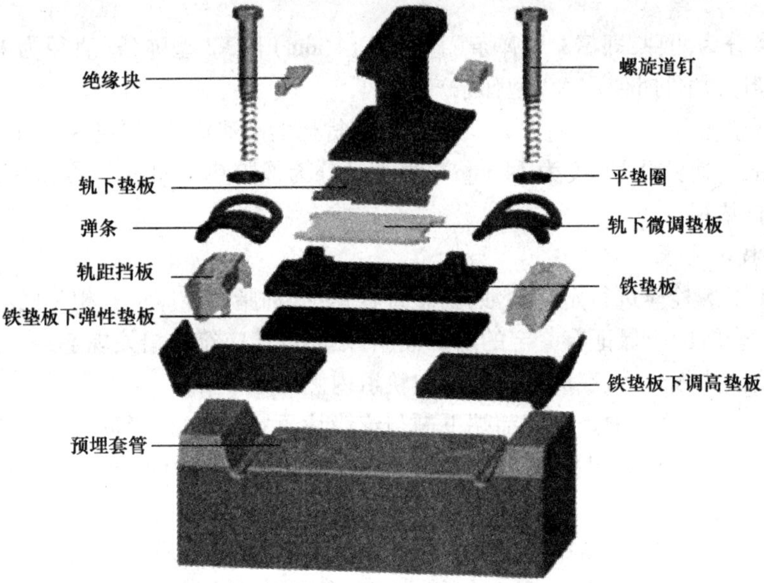

图 3-5　WJ-8 型扣件部件组成(2)

(4)轨下垫板分为 A、B 两类(厚度为 12 mm),A 类用于兼顾货运的高速铁路,B 类用于仅运行客车的高速铁路。

(5)螺旋道钉分为 S2 型和 S3 型两种,在扣件正常状态安装或钢轨调高量不大于 15 mm 时用 S2 型螺旋道钉,调高量大于 15 mm 时用 S3 型螺旋道钉。

2. *主要技术要求*

(1)预埋套管中应保证有一定的防护油脂,油脂性能应符合相关规定。

(2)夹板处应采用接头轨距板和绝缘轨距块。

(3)弹条安装标准:弹条中部前端下颚与绝缘块不宜接触,两者间隙不得大于 0.5 mm;或使用扭矩扳手检测螺旋道钉扭矩时,对于 W1 型弹条为 130~170 N·m,对于 X2 型弹条为 90~120 N·m。

(4)弹条养护标准:弹条中部前端下颚与绝缘块不宜接触,两者间隙不得大于 1 mm;或使用扭矩扳手检测螺旋道钉扭矩时,对于 W1 型弹条为 130~170 N·m,对于 X2 型弹条为

图 3－6　WJ－8 型扣件系统现场试铺

90～120 N·m。

（5）轨距挡板应与承轨槽挡肩密贴，间隙不得大于 1 mm；钢轨与绝缘轨距块、绝缘轨距块与铁垫板挡肩缝隙之和不得大于 1 mm。

（6）钢轨左右位置调整量为 ±5 mm。

（7）高低调整量为 －4～＋26 mm。

（三）W300－1 型扣件组成及主要技术要求

1. 扣件组成

（1）W300－1 型扣件分为 W300－1a 型和 W300－1u 型两种。扣件由弹条、绝缘轨距垫片、轨距挡板、螺旋道钉、轨下垫板、铁垫板、弹性垫板和预埋套管等组成，为满足高低调整需要，还包括调高垫板，如图 3－7 所示。

（2）弹条分为两种，即 SKL 15 型弹条（直径为 15 mm）和 SKLB 15 型弹条（直径为 13 mm），当桥上采用小阻力扣件时使用 SKLB 15 型弹条。

（3）标准规格螺旋道钉（Ss 36－230）长度为 230 mm。为满足高低调整需要，配有长度为 240 mm 和 250 mm 的螺旋道钉。

（4）标准规格轨下垫板（Zw 692－6）厚度为 6 mm。为满足高低调整需要，配有厚度为 2、3、4、5、7 和 8 mm 的轨下垫板。

（5）标准规格轨距挡板分为 Wfp 15a 型挡板（适用于 W300－1a 型扣件）和 Wfp 15u 型挡板（适用于 W300－1u 型扣件）两种。为满足钢轨左右位置调整需要，配有 Wfp 15a ±1（Wfp 15u ±1）～Wfp 15a ±8（Wfp 15u ±8）各 16 种规格。

2. 主要技术要求

（1）预埋套管中应保证有一定的防护油脂，油脂性能应符合相关规定。

（2）弹条安装标准：弹条中部前端与轨距挡板前端突起部分不宜接触，两者间隙不得大于 0.5 mm；或使用扭矩扳手检测螺旋道钉扭矩时，对于 SKL 15 型弹条为 210～250 N·m，对于 SKLB 15 型弹条为 150～180 N·m。

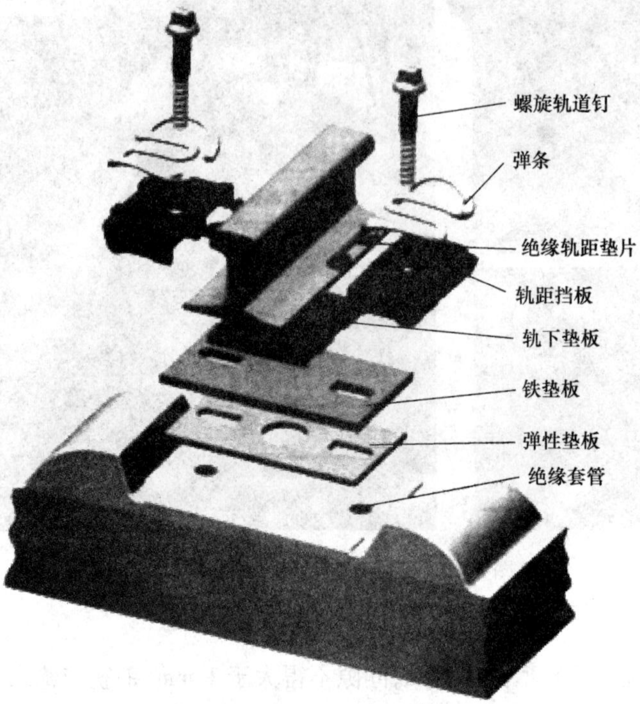

图3－7　W300－1型扣件部件组成

（3）弹条养护标准：弹条中部前端与轨距挡板前端突起部分不宜接触，两者间隙不得大于1 mm；当使用扭矩扳手检测螺旋道钉扭矩时，对于SKL 15型弹条为210～250 N·m，对于SKLB 15型弹条为150～180 N·m。

（4）轨距挡板应与承轨槽挡肩密贴，钢轨与轨距挡板间隙不得大于1 mm。

（5）钢轨左右位置调整量为±8 mm。

（6）高低调整量为－4～＋26 mm。

（四）SFC型扣件组成及主要技术要求

1. 扣件组成

（1）SFC型扣件分为直列式和错列式两种，扣件由弹条、绝缘帽、铸铁底板、绝缘轨距挡块、橡胶垫板、锚固螺栓、贝式垫片、锯齿垫片、耦合垫板和预埋套管等组成，如图3－8、图3－9所示。为满足高低调整需要，还包括位于铸铁底板和耦合垫板之间的调高垫板。

（2）弹条分为FC1504型、FC1502型和FC1306型三种。一般地段安装FC1504型弹条（直径为15 mm，配用8494型绝缘帽），夹板处安装FC1502型弹条（直径为15 mm，不安装绝缘帽），小阻力扣件安装FC1306型弹条（直径为13 mm，配用12133型绝缘帽）。

2. 主要技术要求

（1）预埋套管中应保证有一定的防护油脂，油脂性能应符合相关规定。

（2）安装铁垫板时，轨底坡方向应朝向轨道内侧。

（3）弹条初装扣压力不得小于9 kN，养护过程中弹条扣压力不得小于8 kN。

（4）锚固螺栓扭矩为150～200 N·m。

（5）钢轨与绝缘轨距块、绝缘轨距块与铁垫板挡肩间缝隙之和不得大于1 mm。

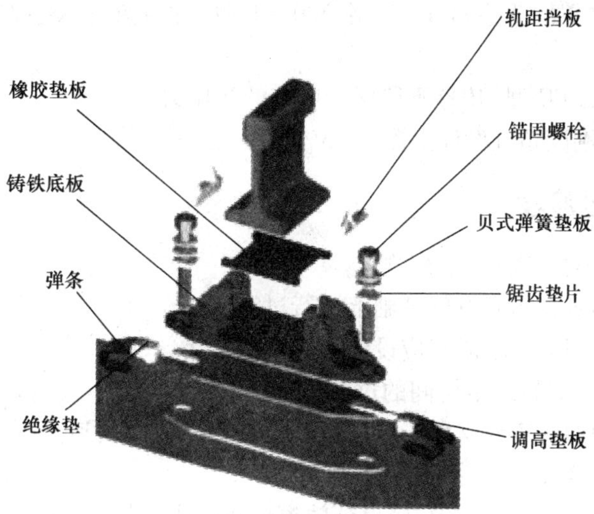

图 3－8　直列式 SFC 型扣件

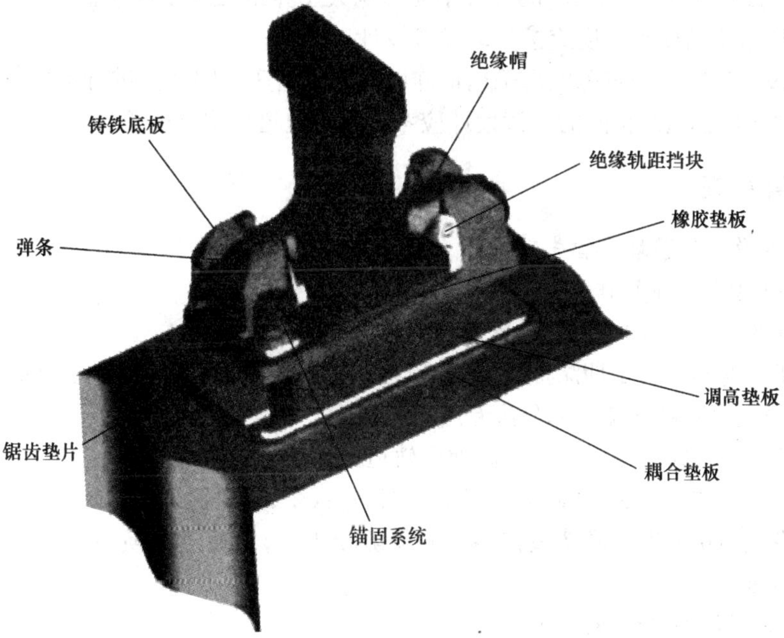

图 3－9　错列式 SFC 型扣件

(6)钢轨左右位置调整量为 ±6 mm。

(7)高低调整量为 30 mm。

(五)无砟轨道扣件伤损标准

扣件出现以下不良状态或伤损，应进行修理或更换：

(1)零部件损坏；

(2)预埋套管损坏；

(3)锚固螺栓扭矩(WJ－7 型、SFC 型)不满足要求；

(4)有螺栓弹条(WJ－7型、WJ－8型、300－1型扣件)紧固状态弹条中肢前端离缝超过1 mm;

(5)无螺栓弹条(SFC型扣件)不能保持应有的扣压力;

(6)弹性垫板静刚度超过设计上限的25%。

四、轨道结构过渡段

(1)轨道结构过渡段应符合下列规定。

①不同轨道结构应在相同下部基础上进行过渡。

②不同轨道结构间的过渡段不应设置工地焊接接头。

(2)无砟轨道与有砟轨道结构间的过渡应符合下列规定。

①无砟轨道结构的底座或支承层应从过渡点开始向有砟轨道延伸长度不应小于10 m,同时应符合有砟轨道区段最小道床厚度的要求。

②过渡段无砟轨道一定范围内,应保证轨道板或道床板与支承层的可靠连接。

③过渡段应设置60 kg/m的辅助轨及配套扣件,辅助轨长度25 m(其中无砟轨道内约5 m,有砟轨道内约20 m)。辅助轨的设置不应影响大型养路机械维修作业。

④过渡段范围的轨道刚度应按分级过渡设计。

⑤过渡段有砟轨道一定范围可采用道砟胶对碎石道床不同部位进行黏结。

(3)不同无砟轨道结构间的过渡设计应考虑无砟轨道结构高度差异。

四、任务实施

(一)扣件及扣件预埋套管失效维修

1. WJ－7型扣件维修作业

(1)损坏的零部件应及时更换,更换时应采用相同规格零部件。

(2)对T形螺栓进行定期涂油,以防止螺栓锈蚀。预埋套管中缺油或无油时,应在预埋套管中注入或在锚固螺栓螺纹部分涂专用防护油脂。

(3)安装铁垫板时应使轨底坡方向朝向轨道内侧。

(4)紧固T形螺栓和锚固螺栓应采用专用扭矩扳手,确保扭矩达标。

(5)绝缘轨距块与钢轨或铁垫板挡肩间缝隙较大时,应通过更换不同号码绝缘轨距块的方式进行调整。

2. WJ－8型扣件维修作业

(1)损坏的零部件应及时更换,更换时应采用相同规格的零部件。夹板处应采用接头轨距挡板和绝缘轨距块。

(2)预埋套管中缺油或无油时,应在预埋套管中注入或在螺旋道钉螺纹部分涂专用防护油脂。

(3)紧固弹条时应采用专用扭矩扳手,确保扭矩满足要求。

(4)绝缘轨距块与钢轨或铁垫板挡肩间缝隙较大时,应通过更换不同号码绝缘轨距块的方式进行调整。轨距挡板与承轨槽挡肩不密贴时,应更换轨距挡板。

3. W300－1型扣件维修作业

(1)损坏的零部件应及时更换,更换时应采用相同规格的零部件。

(2)预埋套管中缺油或无油时,应在预埋套管中注入或在螺旋道钉螺纹部位涂专用防护油脂。

(3)紧固弹条应采用专用扭矩扳手,确保扭矩满足要求。

(4)钢轨与轨距挡板间缝隙较大时,应通过更换不同号码轨距挡板进行调整。轨距挡板与承轨槽挡肩不密贴时,应更换轨距挡板。

4. SFC 型扣件维修作业

(1)损坏的零部件应及时更换,更换时应采用相同规格的零部件。

(2)预埋套管中缺油或无油时,应在预埋套管中注入或在锚固螺栓螺纹部分涂专用防护油脂。

(3)安装铁垫板时,应使轨底坡方向朝向轨道内侧。锯齿垫片应与铸铁底板牙型啮合紧密,两片 M22 贝氏垫片应背靠背安装。紧固锚固螺栓应采用专用扭矩扳手,确保扭矩满足要求。

(4)弹条应采用专用工具安装。

(5)绝缘块与钢轨或铁垫板挡肩间缝隙较大时,应通过更换不同号码绝缘块进行调整。

5. 扣件预埋套管失效修理作业

扣件预埋套管失效时应及时采用相同型号套管进行更换(图 3 - 10),修复时应满足以下要求。

(1)取出失效套管时,不得伤及套管周围混凝土、钢筋,且油渍或油脂不得污染孔壁。

(2)失效套管取出后,应清除混凝土枕或轨道板孔内残渣,并用高压风吹净。

(3)应在孔内注入或在新套管外壁涂敷适量的锚固胶。

(4)植入的新套管应准确定位。

(5)新套管锚固强度应达到抗拔力要求后方可安装扣件。

(6)采用的修复方案及锚固胶应预前进行试验,以确定修复工艺参数。

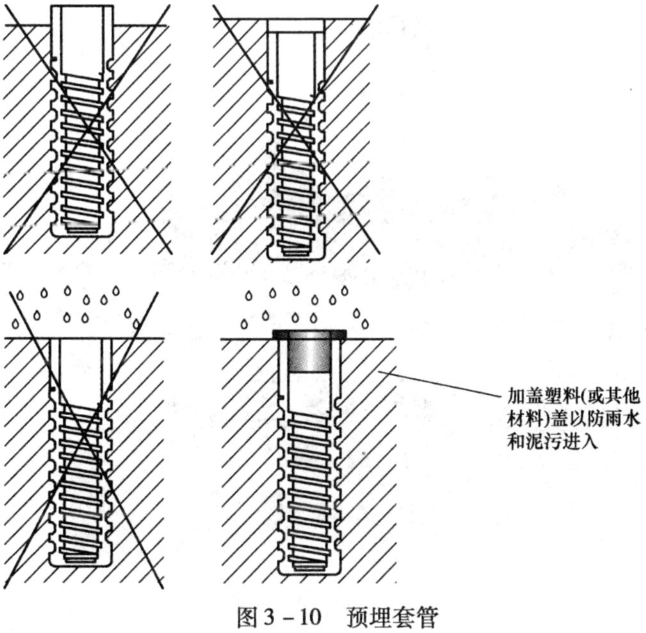

图 3 - 10　预埋套管

（二）轨道几何尺寸调整作业方法

1. WJ－7型扣件轨道几何尺寸调整作业方法

(1)轨距（图3－11）和轨向调整：①松开锚固螺栓；②用改道器横向挪动铁垫板，直至轨距和轨向合适；③以300～350 N·m扭矩拧紧锚固螺栓。

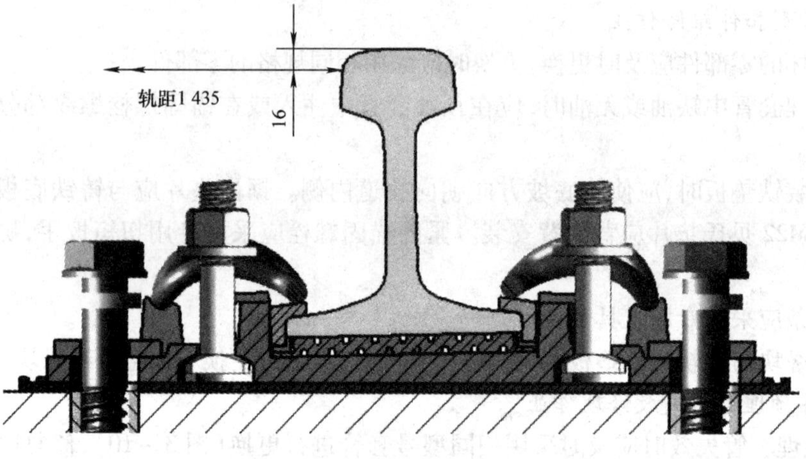

图3－11 轨距

(2)钢轨高低调整：更换绝缘缓冲垫板实现钢轨高低负调整。

①调高量小于10 mm时，在轨下垫板下放入调高垫板。（图3－12）

②调高量超过10 mm时，在铁垫板下放入调高垫板，垫入铁垫板下的调高垫板应放在铁垫板与绝缘缓冲垫板之间，总厚度不得超过20 mm。

③高低调整量为－4～＋26 mm扣件调高垫板应按表3－2进行设置。

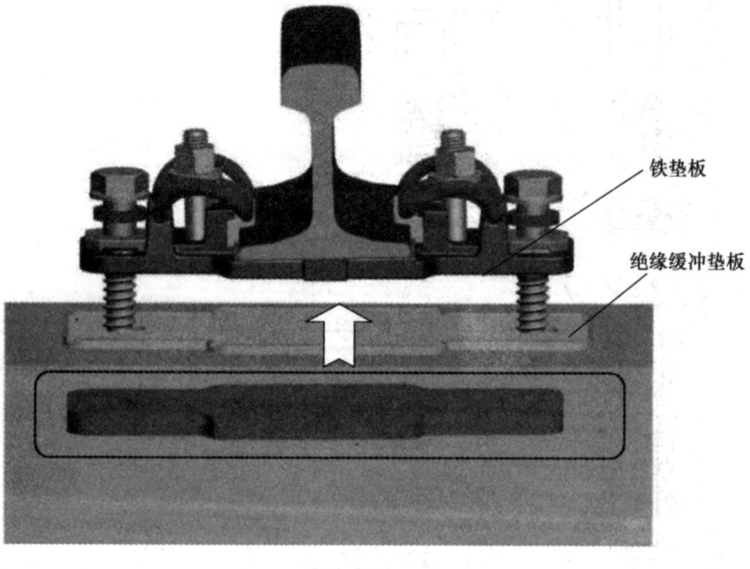

图3－12 调高垫板安放

表 3－2　WJ－7 型扣件高低调整调高垫板设置　　mm

高低调整量	绝缘缓冲垫板厚度	轨下微调垫板总厚度	铁垫板下调高垫板厚度
－4	2	0	0
－3	2	1	0
－2	2	2	0
－1	2	3	0
0	6	0	0
+1～+7	6	1～7	0
+8	6	0	8
+9～+15	6	1～7	8
+16	6	0	2×8
+17～+26	6	1～10	2×8

2. WJ－8 型扣件轨道几何尺寸调整作业方法

(1)轨距和轨向调整:按表 3－3 更换不同号码绝缘轨距块(图 3－13、图 3－14)或轨距挡板,调整钢轨左右位置。

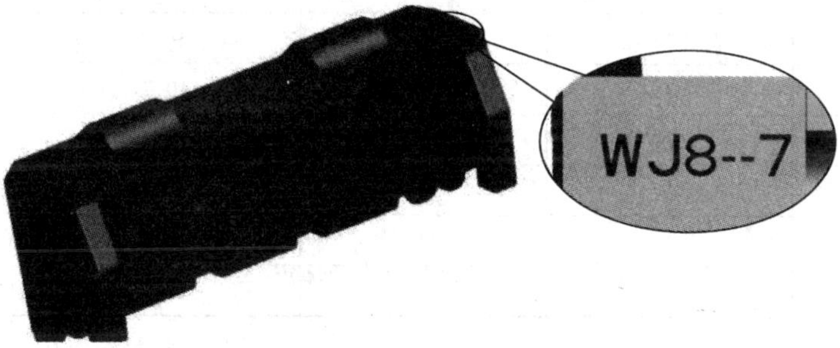

图 3－13　轨距块标识图

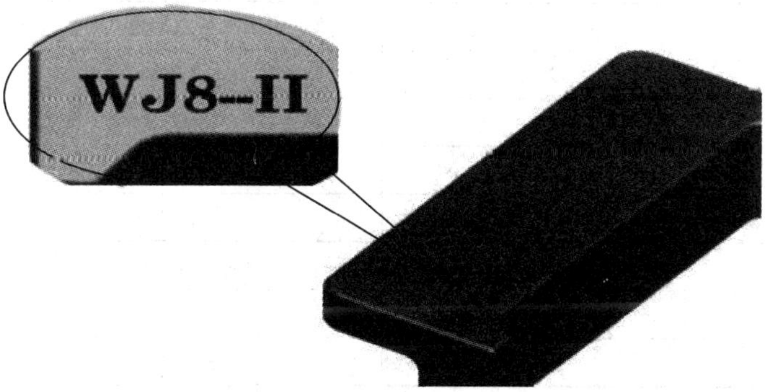

图 3－14　绝缘块标识图

(2)钢轨高低调整:铁垫板下调高垫板只能单副使用,不得重叠使用。钢轨调高量大于 15 mm 时,应采用 S3 型螺旋道钉。

①调整量为 0～30 mm 扣件调整:当调高量小于 10 mm 时,在轨下垫板下放入调高垫板,且放入的总厚度不得大于 10 mm。调整量超过 10 mm 时,可在铁垫板下放入调高垫板,

铁垫板下调高垫板应放在铁垫板下弹性垫板下方，总厚度不得超过 20 mm。

图 3－15　铁垫板下弹性垫板

表 3－3　WJ－8 型扣件钢轨左右位置调整配置

单股钢轨左右位置调整量/mm	钢轨外侧		钢轨内侧	
	轨距挡板号码	绝缘轨距块号码	绝缘轨距块号码	轨距挡板号码
－5	10	11	7	4
－4	10	10	8	4
－3	10	9	9	4
－2	7	11	7	7
－1	7	10	8	7
0	7	9	9	7
＋1	7	8	10	7
＋2	7	7	11	7
＋3	4	9	9	10
＋4	4	8	10	10
＋5	4	7	11	10

②高低调整量为－4～＋26 mm 时，扣件调高垫板应按表 3－4 进行设置。

表 3－4　WJ－8 型扣件高低调整调高垫板设置　　mm

高低调整量	轨下垫板厚度	轨下微调垫板总厚度	铁垫板下调高垫板厚度
－4～－1	2～5	0	0
0	6	0	0
＋1～＋6	6	1～6	0
＋7～＋10	3～6	0	10
＋11～＋16	6	1～6	10
＋17～＋20	3～6	0	20
＋21～＋26	6	1～6	20

3. W300－1 型扣件轨道几何尺寸调整作业方法

（1）轨距和轨向调整：按表 3－5 更换不同规格轨距挡板，调整钢轨左右位置。

（2）钢轨高低调整：通过嵌入 AP20－6、AP20－10 调高垫板，ZW692 轨垫或 AP20S 钢制调高垫板进行调整，并根据高低调整量选择相应长度螺栓。

高低调整量为－4～＋26 mm 时，扣件调高垫板应按表 3－6 进行设置。

表 3－5　W300－1 型扣件钢轨左右位置调整配置

单股钢轨左右位置调整量(mm)	钢轨外侧轨距挡板	钢轨内侧轨距挡板
－8	Wfp15＋8	Wfp15－8
－7	Wfp15＋7	Wfp15－7
－6	Wfp15＋6	Wfp15－6
－5	Wfp15＋5	Wfp15－5
－4	Wfp15＋4	Wfp15－4
－3	Wfp15＋3	Wfp15－3
－2	Wfp15＋2	Wfp15－2
－1	Wfp15＋1	Wfp15－1
0	Wfp15	Wfp15
＋1	Wfp15－1	Wfp15＋1
＋2	Wfp15－2	Wfp15＋2
＋3	Wfp15－3	Wfp15＋3
＋4	Wfp15－4	Wfp15＋4
＋5	Wfp15－5	Wfp15＋5
＋6	Wfp15－6	Wfp15＋6
＋7	Wfp15－7	Wfp15＋7
＋8	Wfp15－8	Wfp15＋8

表 3－6　W300－1 型扣件高低调整调高垫板设置　mm

高低调整量	轨垫厚度(ZW692－x)	塑料调高垫板厚度(AP20－x)	钢制调高垫板厚度(AP20S)	螺旋道钉长度(Ss36)
－4～－1	1×2～5	—	—	230
0	1×6	—	—	
＋1～＋2	1×7～8	—	—	
＋3～＋8	1×3～8	1×6	—	
＋9～＋12	1×5～8	1×10	—	
＋13～＋14	1×7～8	2×6	—	
＋15～＋18	1×5～8	1×10＋1×6	—	240
＋19～＋22	1×5～8	2×10	—	250
＋23～＋26	1×3～6	1×6	×20	

4. SFC 扣件轨道几何尺寸调整作业方法

(1)轨距和轨向调整:松开锚固螺栓,用改道器横向挪动铸铁底板调整轨距和轨向。在不旋转锯齿垫片时,横向调整步长为 3 mm,锯齿垫片旋转 180 度后,每格可横向移动 1.5 mm。调整量小于 1.5 mm 时,铸铁底板应采用无级方式进行微调;以 150～200 N·m 扭矩拧紧锚固螺栓。

(2)钢轨高低调整:在铸铁底板和耦合垫板之间放入不同厚度搭配的调高垫板进行钢轨高低调整。

①高低调整量为－2～6 mm 时,扣件调高垫板(标准搭配形式和可替代的搭配形式)应

按表 3－7 进行设置。

表 3－7　SFC 扣件高低调整时调高垫板设置　mm

调高量	标准搭配形式		可替代的搭配形式		
	耦合垫板	HDPE 调高垫板	耦合垫板	HDPE 调高垫板	镀锌钢板
－2～0	2～4	—	—	—	—
0	4	—	—	—	—
0.5	2＋2.5	—	—	—	—
1	2	3	4	—	1
1.5	2.5	3	3.5	—	2
2	3	3	4	—	2
2.5	3.5	3	3.5	—	1＋2
3	4	3	4	—	1＋2
3.5	—	—	3.5	3	1
4	—	—	4	3	1
4.5	—	—	3.5	3	2
5	—	—	4	3	2
5.5	—	—	3.5	2×3	—
6	—	—	4.0	2×3	—

②高低调整量为 6.5～30 mm 时，扣件调高垫板应按表 3－8 进行设置。

表 3－8　SFC 扣件高低调整时调高垫板设置　mm

调高量	垫板搭配方式		钢板	备　注
	LDPE 耦合垫板	HDPE 调高垫板		
6.5～8	2.5～4	3＋5	—	安装和维护过程中，可根据实际情况进行搭配，并应遵循以下原则： (1)钢板和 HDPE 调高垫板均应安放在 LDPE 耦合垫板之上； (2)铸铁底板下所有垫板总数量不得超过三块； (3)LDPE 耦合垫板采用一块(调高 0.5 mm 时，采用两块)
8.5～9.5	2.5～3.5	10	—	
10	4	5＋5	—	
10.5	3.5	10	1	
11～13	2～4	3＋10	—	
13.5～15	2.5～4	10＋5	—	
15.5	3.5	15	1	
16～18	2～4	3＋15	—	
18.5～20	2.5～4	20	—	
20.5	3.5	20	1	
21～23	2～4	3＋20	—	
23.5～24.5	2.5～4	25	—	
25	4	25	—	
25.5	3.5	25	1	
26～28	2～4	3＋25	—	
28.5～30	2.5～4	30	—	

③铸铁底板下插入垫板(含耦合垫板在内)不得超过三块，且耦合垫板总厚度不得大于

4.5 mm。

④当垫板(含调高垫板和耦合垫板)叠加总厚度超过 15 mm 时,应采用相应长度螺栓。

五、任务小结

通过本任务的学习,学生可以掌握扣件的作用,掌握 WJ－7 型、WJ－8 型、W300－1 型和 SFC 型扣件维修作业的方法及其轨道几何尺寸调整作业方法,认识到高速无砟轨道对于钢轨的扣件要求相对于普通线路高。要保证对 T 形螺栓进行定期涂油,为防止螺栓锈蚀,应保持扣件系统的清洁。

练　　习

1. 简述 WJ－7 型扣件维修作业的方法。
2. 简述 WJ－8 型扣件维修作业的方法。
3. 简述 W300－1 型扣件维修作业的方法。
4. 简述 WJ－7 型扣件轨道几何尺寸调整作业方法。
5. 简述 WJ－8 型扣件轨道几何尺寸调整作业方法。
6. 简述 W300－1 型扣件轨道几何尺寸调整作业方法。

项目四　CRTS Ⅰ型无砟轨道道床养护修理

一、学习目标

（一）知识目标

了解 CRTS Ⅰ型无砟轨道和 CRTS Ⅱ型板式无砟道道床的组成，掌握无砟道床养护维修作业程序和要求。

（二）技能目标

能熟练使用工具进行无砟道床养护维修，使轨道处于良好的技术状态。

（三）情感目标

激发学生积极主动探索新知的学习兴趣和热情，培养学生团队合作意识和有效沟通的能力。

二、任务描述

（一）任务实施环境

本任务首先在标准多媒体教室进行无砟道床养护维修预备知识的讲授，然后在铁路线路演练场完成操作练习。铁路线路演练场应具备不短于 60 m 的 CRTS Ⅰ型无砟轨道线路。

（二）任务目的

通过本任务的学习，使学生了解无砟轨道道床的组成，掌握无砟轨道道床的养护维修作业程序和要求；能够合作完成无砟轨道道床的养护维修，并激发学生积极主动探索新知的学习兴趣和热情，培养学生合作意识和有效沟通的能力。

三、知识平台

无砟轨道（图 4－1）是以混凝土或沥青砂浆取代散粒道砟道床而组成的轨道结构形式，它具有轨道稳定性高、刚度均匀性好、结构耐久性强和维修工作量显著减少等特点，对于高速铁路较传统的有砟轨道有更好的适应性。无砟轨道的轨枕本身是混凝土浇灌而成，而路基也不用碎石，铁轨、轨枕直接铺在混凝土路上。

图 4－1　无砟轨道

无砟轨道结构的主要特点：轨道稳定性好，线路养护维修工作量显著减少，从而减小对列车运营的干扰，线路利用率高；②轨道几何形位能持久保持，提高列车运行的安全性；③平顺性及刚度均匀性好；④耐久性好，服务期长；⑤避免优质道砟的使用及环境破坏；⑥避免高速运行时的道砟飞溅；⑦自重轻，可减轻桥梁二期恒载；⑧结构高度低，可减小隧道开挖断面。

无砟轨道结构的局限性：轨道必须建于坚实、稳定、不变形或有限变形的基础上，一旦下部基础残余变形超出扣件调整范围，就可能导致轨道结构裂损，修复和整治困难；初期投资较多；振动、噪声相对较大。

(一)CRTS Ⅰ型板式无砟道床

1. CRTS Ⅰ型板式无砟道床结构及主要技术要求

(1)道床结构(图4－2)由轨道板、水泥乳化沥青砂浆充填层、混凝土底座、轨道扣件、凸形挡台及其周围填充树脂等部分组成，曲线超高在底座上设置。

(2)轨道板结构类型可分为预应力混凝土平板、预应力混凝土框架板和钢筋混凝土框架板。标准轨道板长度为4 962 mm，轨道板宽度为2 400 mm，厚度不宜小于190 mm；轨道板两端设半圆形缺口，半径为300 mm；扣件节点间距不宜大于650 mm。

(3)水泥乳化沥青砂浆充填层厚度为50 mm，不应小于40 mm。减振型板式轨道水泥乳化沥青砂浆充填层厚度为40 mm(填充树脂厚度不应小于35 mm)。

(4)水泥乳化沥青砂浆应灌注饱满，与轨道板底部密贴，轨道板边角悬空深度应小于30 mm。

(5)凸形挡台分为圆形和半圆形，半径为260 mm，其周围填充的树脂厚度为40 mm，且不应小于30 mm。

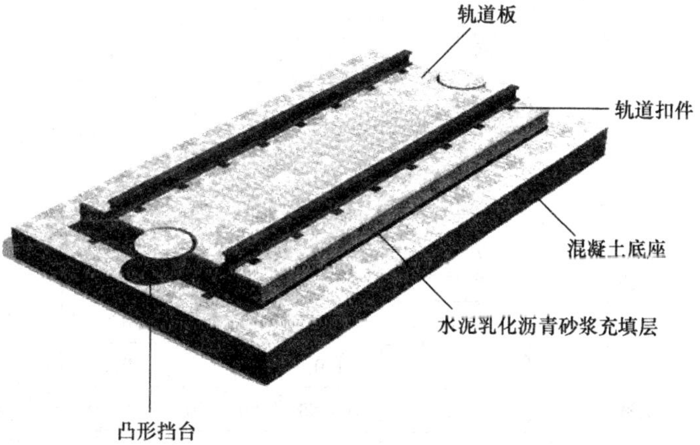

图4－2　CRTS Ⅰ型板式无砟道床标准轨道板结构

(6)预应力凝土轨道板不允许开裂，普通混凝土框架板混凝土裂缝宽度不得大于0.2 mm。

(7)底座混凝土裂缝宽度不得大于0.2 mm，路基和隧道地段混凝土底座间伸缩缝宽度为20 mm，状态应良好。

(8)排水通道，特别是框架式轨道板内排水、底座内预埋横向排水管道应保持畅通。

2. 路基地段CRTS Ⅰ型板式无砟道

(1)底座在路基基床表层上设置。

(2)底座每隔一定长度,对应凸形挡台中心,应设置横向伸缩缝。

(3)线间排水应结合线路纵坡、桥涵等线路条件和环境条件具体设计。采用集水井方式时,集水井设置间隔根据汇水面积和当地气候条件确定。严寒地区线间排水设计应考虑防冻措施。

(4)线路两侧及线间路基面应进行防水处理。

3. 桥梁地段 CRTS Ⅰ型板式无砟道

(1)底座在梁面上设置,通过梁体预埋套筒植筋或预埋钢筋方式与桥梁连续。轨道中心线 2.6 m 范围内,梁面应进行拉毛处理。

(2)底座对应每块轨道板,在凸形挡台中心位置设置横向伸缩缝,

(3)底座范围内,梁面不设防水层和保护层。

(4)桥上扣件纵向阻力及梁端扣件结构形式根据计算确定。

4. 隧道地段 CRTS Ⅰ型板式无砟轨道

(1)有仰拱隧道内,底座在仰拱回填层上构筑。沿线路纵向,底座每隔一定长度,对应凸形挡台中心位置,应设置横向伸缩缝。底座在隧道沉降缝位置,应设置伸缩缝。底座宽度范围内,仰拱回填层表面应进行拉毛处理。

(2)无仰拱隧道内,底座与隧道底板合并设置并连续铺设。当位于曲线地段时,超高一般在底座面上设置。

(3)距隧道洞口 100 m 范围内,仰拱回填层应设置钢筋与底座连接。

5. CRTS Ⅰ型板式无砟道床伤损形式及伤损等级判定标准

CRTS Ⅰ型板式无砟道床伤损形式及伤损等级判定标准如表 4-1 所示。

表 4-1　CRTS Ⅰ型板式无砟道床伤损形式及伤损等级判定标准　　mm

伤损部位	伤损形式	判定项目	评定等级			备注
			Ⅰ	Ⅱ	Ⅲ	
预应力轨道板	裂缝	宽度	0.1	0.2	0.3	掉块、缺损或封端脱落应适时修补
	锚穴封端离缝	宽度	0.2	0.5	1.0	
普通轨道板	裂缝	宽度	0.2	0.3	0.5	—
凸形挡板	裂缝	宽度	0.2	0.3	0.5	
底座	裂缝	宽度	0.2	0.3	0.5	
底座伸缩缝	离缝	宽度	1.0	2.0	3.0	路基、隧道地段
水泥乳化沥青砂浆	离缝	宽度	1.0	1.5	2.0	掉块、缺损或封端脱落应适时修补
		横向深度	20~50	50~100	≥100	
		对角长度	20~30	30~50	≥50	
	裂缝	宽度	0.2	0.5	1.0	
凸形挡台周围填充树脂	离缝	宽度	1.0	2.0	3.0	缺损应适时修补
	裂缝	宽度	0.2	0.5	1.0	

(二)CRTSⅡ型板式无砟道床

1. CRTSⅡ型板式无砟道床结构及主要技术要求。

(1)道床结构(图 4-3)由轨道板、水泥乳化沥青砂浆充填层、轨道扣件、支承层等部分

组成，曲线超高在路基基床表层上设置。

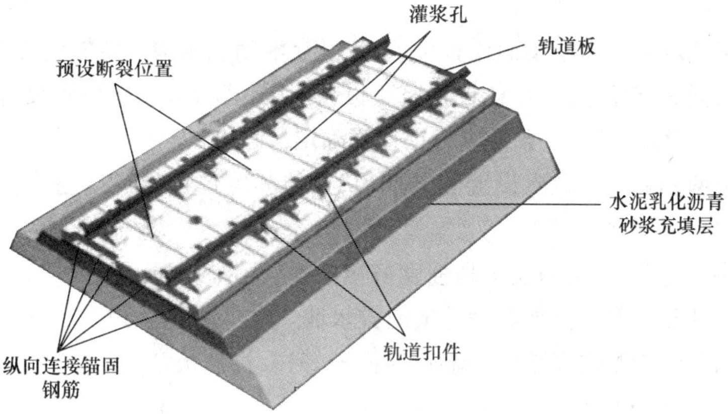

图 4－3　CRTS Ⅱ型板式无砟道床标准轨道板结构

（2）桥梁地段道床结构由轨道板、水泥乳化沥青砂浆充填层、底座板、滑动层、高强度挤塑板、侧向挡块及弹性限位板等部分组成。桥台后路基设置锚固结构（包括摩擦板，土工布，端刺）及过渡板。曲线超高在底座板上设置。长大桥区段底座板设有钢板连接器后浇带。

（3）隧道地段道床结构由轨道板、水泥乳化沥青砂浆充填层、支承层等部分组成。曲线超高一般在仰拱回填层（有仰拱隧道）或底板（无仰拱隧道）上设置。

（4）水泥乳化沥青砂浆充填层应与轨道板底部和支承层或底座板密贴，厚度为 30 mm（不应小于 20 mm，且不宜大于 40 mm）。

（5）轨道板除预裂缝处以外，其他部位不得有裂缝。

（6）轨道板间接缝处混凝土裂缝不得大于 0. 2 mm，接缝现浇混凝土与轨道板间离缝不得大于 0. 3 mm。

（7）桥梁地段连续底座板（含后浇带部位）混凝土裂缝不得大于 0. 3 mm，侧向挡块与底座板不得粘连。

（8）路基和隧道地段支承层不得有竖向贯通裂缝。

（9）排水通道应保持通畅。

2. 路基地段 CRTS Ⅱ型板式无砟轨道

（1）支承层在路基基床表层上设置，其性能应符合相关规定。支承层顶面宽度为 2 950 mm，底面宽度为 3 250 mm，厚度为 300 mm。沿线路纵向，每隔不大于 5 m 切一横向预裂缝，缝深为厚度的 1/3。轨道板宽度范围内的支承层表面进行拉毛处理。

（2）线间排水应结合线路纵坡、桥涵等线路条件和环境条件具体设计。当采用集水井方式时，集水井设置间隔根据汇水面积和当地气象条件计算确定。

（3）线路两侧及线间路基面应进行防水处理。

3. 桥梁地段 CRTS Ⅱ型板式无砟轨道

（1）底座板为纵向连续的钢筋混凝土结构，混凝土强度等级为 C30。底座板宽度为

2 950 mm;直线区段的底座板厚度不宜小于 190 mm,曲线内侧的底座板厚度不应小于 175 mm。

(2)底座板宽度范围内于梁面位置设置滑动层,滑动层结构及性能应符合相关规定。

(3)在桥梁固定支座上方,梁体设置底座板纵向限位机构,相应位置设置抗剪齿槽及锚固筋连接套筒,其形式、尺寸及数量应根据计算确定。

(4)底座板两侧隔一定距离设置侧向挡块,梁体相应位置设置钢筋连接套筒。侧向挡块与底座板间设置弹性限位板。

(5)距梁端一定范围,梁面设置高强度挤靶板,厚度为 50 mm。

(6)轨道板外侧的底座板顶面设置横向排水坡。

(7)台后路基应设置锚固结构(端刺、摩擦板等)及过渡板。

4. 隧道地段 CRTS Ⅱ型板式无砟轨道

隧道地段轨道结构的技术要求与路基地段基本相同。

5. CRTS Ⅱ型板式无砟道床伤损形式及伤损等级判定标准

CRTS Ⅱ型板式无砟道床伤损形式及伤损等级判定标准如表 4-2 所示。

表 4-2　CRTS Ⅱ型板式无砟道床伤损形式及伤损等级判定标准　mm

伤损部位	伤损形式	判定项目	评定等级			备注
			Ⅰ	Ⅱ	Ⅲ	
轨道板	裂缝	宽度	0.1	0.2	0.3	预裂缝处的裂缝除外,掉块或缺损应适时修补
板间接缝	裂缝	宽度	0.2	0.3	0.5	
	离缝	宽度	0.2	0.3	0.5	掉块或缺损应适时修补
支承层	裂缝	宽度	0.2	0.5	1.0	
底座板	裂缝	宽度	0.2	0.3	0.5	
侧向挡块	裂缝	宽度	0.2	0.3	0.5	
挤塑板	离缝	宽度	0.2	0.5	1.0	—
水泥乳化沥青砂浆充填层	离缝	宽度	0.5	1.0	1.5	掉块、缺损应适时修补
		深度	20~50	50~100	≥100	
		对角长度	20~30	50~100	≥100	
	裂缝	宽度	0.2	0.5	1.0	

四、任务实施

(一)CRTS Ⅰ型板式无砟道床轨道板维修作业

1. 轨道板损坏更换作业

轨道板损坏严重,采取其他措施无法保证其稳定性和平顺性时,必须更换轨道板。轨道板更换可按以下工艺进行施作。

(1)松开受损轨道部位附近一定范围的扣件,切断钢轨。

(2)清除凸形挡台(图 4-4)周围树脂。

(3)在轨道板侧面吊装孔(八个)位置安装起吊装置,利用起吊装置将失效轨道板吊走。

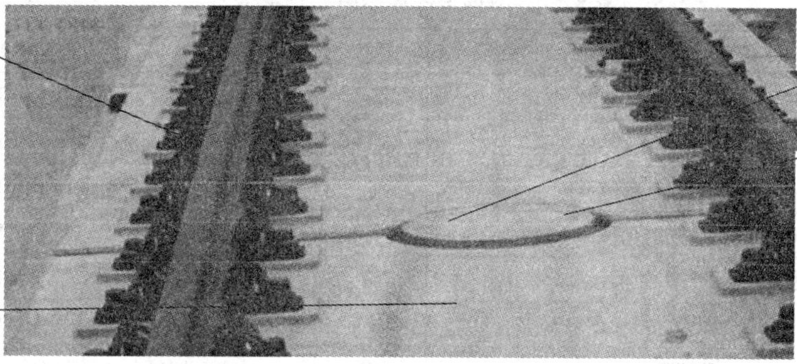

图 4－4　道床凸形台

(4)清除水泥乳化沥青砂浆,清理凸形挡台侧面,保证底座表面及凸形挡台侧面清洁。

(5)运输、铺设新轨道板,按无砟轨道施工相关技术要求,精调轨道板状态并固定。

(6)采用模筑法灌注固化速度较快、力学性能与充填层材料性能相当的砂浆材料。

(7)安装树脂灌注袋,灌注凸形挡台周围树脂。

(8)根据设计锁定轨温要求,锁定线路。

(9)轨道状态精调,恢复线路。

2. 水泥乳化沥青砂浆充填层失效更换作业

水泥乳化沥青砂浆充填层损坏严重,采取修补措施无法保证轨道板稳定性和行车平稳性时,必须重新灌注充填层。水泥乳化沥青砂浆充填层更换可按以下工艺进行施作。

(1)清除受损部位凸形挡台周围树脂。

(2)松开受损部位一定范围内的扣件。

(3)利用轨道板侧面吊装孔(八个),安装起吊装置,将钢轨和轨道板抬升至适当高度,分离轨道板与水泥乳化沥青砂浆充填层。

(4)清除水泥乳化沥青砂浆及凸形挡台侧面,并保证底座表面及凸形挡台侧面清洁。

(5)精调轨道板状态并固定。

(6)采用模筑法灌注固化速度较快、力学性能与充填层材料性能相当的砂浆材料。

(7)安装树脂灌注袋,灌注凸形挡台周围树脂。

(8)钢轨就位,安装扣件,轨道状态精调,恢复线路。

(二)无砟道床混凝土裂缝修补作业

根据无砟轨道结构特点、无砟道床混凝土裂缝性质和裂缝伤损等级,混凝土裂缝修补方法可分为表面封闭法、无压注浆法和低压注浆法。

1. 表面封闭法

1)修补材料

(1)用于表面封闭的涂层材料宜采用聚合物水泥基材料,其主要性能应满足表 4－3 的要求。

(2)底涂材料可采用高聚合物乳液含量的聚合物水泥基材料。

表4－3　表面封闭涂层材料性能要求

序号	项　目	单位	指标要求	检测方法
1	表干时间	h	≤2	GB/T 16777
2	拉伸强度(7 d)	MPa	≥2	GB/T 16777
3	断裂伸长率(7 d)	%	≥100	GB/T 16777
4	人工气候老化(720 h)	—	无裂纹及变形	GB/T 19250
5	耐碱性(碱处理,拉伸强度保持率)	%	60～150	GB/T 16777
6	不透水性(0.3 MPa,30 min)	—	不透水	GB/T 16777
7	黏结强度(7 d)	MPa	≥1.5	GB/T 16777(A法)

注:1. 涂层材料颜色应尽量与混凝土颜色相近;
2. 符合《建筑防水涂料试验方法》(GB/T 16777)标准;
3. 符合《聚氨酯防水涂料》(GB/T 19250)标准。

2)主要修补工机具

钢丝刷、真空吸尘器、计量工具、搅拌工具、盛料容器、涂刷工具等。

3)修补工艺

(1)使用钢丝刷将裂缝表面两侧刷毛,用真空吸尘器清除灰尘等杂物。当裂缝内有明水时,应采用热风机等将裂缝处吹干。

(2)称量并配制表面封闭用修补材料,采用手持式搅拌机或专用搅拌器将修补材料搅拌均匀。

(3)沿裂缝表面涂刷一层底涂材料。

(4)待底涂材料表干后,涂刷表面封闭用涂层材料,涂刷三遍以上,以涂层厚度达到300 μm以上为宜。每遍涂刷都要等到上遍涂层材料表干后再涂,且两次涂刷方向相互垂直。

(5)在大风干燥等条件下适当采取薄膜覆盖等方法养护,防止涂层材料失水过快导致涂层开裂。

4)环境要求

施工适宜温度为5～30 ℃,雨雪天不得施工。

2. 无压注浆法

1)修补材料

无压注浆法修补混凝土裂缝宜采用低黏度树脂材料。低黏度树脂材料性能应满足表4－4要求。

2)主要修补机具

手动双组分注浆器、电热吹风机、真空吸尘器、角磨机等。

3)修补工艺

(1)用真空吸尘器清除裂缝内杂物。

(2)采用电热吹风机去除裂缝内水分。

(3)沿裂缝两侧制作注浆围挡,防止浆体污染混凝土表面。

(4)采用手动双组分注浆器向裂缝内注入低黏度树脂材料。灌注过程中应随时观察树脂渗透情况，并及时补注修补材料直至注满。

(5)修补材料固化后，去除裂缝围挡，将裂缝表面多余树脂材料打磨平整。

(6)在裂缝表面涂刷裂缝封闭材料，其修补材料及工艺与表面封闭法相同。

4)环境要求

施工适宜温度为5～30 ℃，雨雪天不得施工。

表4-4 低黏度树脂材料性能要求

序号	项 目	单位	指标要求	检测方法
1	黏度	mPa·s	≤50	GB/T 2794
	凝胶时间	min	≤30	GB/T 7193
2	拉伸强度	MPa	≥6(2 h) ≥14(24 h) ≥20(7 d)	GB/T 2567
3	抗压强度	MPa	≥10(2 h) ≥20(24 h) ≥30(7 d)	JC/T 1041
4	断裂伸长率(7d)	%	≥2	GB/T 2567
5	收缩率(7d)	%	≤2	通过测量液态密度(GB/T 13354)和成型硬化物的密度(GB/T 1033.1)，计算得出
6	黏结强度(7d)	MPa	≥5	JC/T 1041

注：1. 符合《胶黏剂黏度的测定》(GB/T 2794)标准；

2. 符合《不饱和聚酯树脂试验方法》(GB/T 7193)标准；

3. 符合《树脂浇铸体性能试验方法》(GB/T 2567)标准；

4. 符合《混凝土裂缝用环氧树脂灌浆材料》(JC/T 1041)标准；

5. 符合《液态胶黏剂密度的测定方法 重量杯法》(GB/T 13354)标准；

6. 符合《塑料非泡沫塑料密度的测定》第1部分：《浸渍法、液体比重瓶法和滴定法》(GB/T 1033.1)标准。

3. 低压注浆法

1)修补材料

(1)低压注浆法修补混凝土裂缝宜采用性能满足表4-5要求的树脂材料。

(2)封缝材料可采用聚合物快硬水泥浆、专用封缝材料或专用封缝带等。

2)主要修补机具

注浆器、注浆嘴、钢丝刷、真空吸尘器、打磨器等。

表4-5 低压注浆法修补材料性能要求

序号	项目	单位	指标要求	检测方法
1	黏 度	mPa·s	≤200	GB/T 2794
2	凝胶时间	min	≤60	GB/T 7193
3	拉伸强度	MPa	≥6(2 h) ≥14(24 h) ≥20(7 d)	GB/T 2567

续表

序号	项目	单位	指标要求	检测方法
4	抗压强度	MPa	≥10(2 h) ≥30(24 h) ≥60(7 d)	JC/T 1041
4	断裂伸长率(7d)	%	≥2	GB/T 2567
5	收缩率(7d)	%	≤2	通过测量液态密度(GB/T 13354)和成型硬化物的密度(GB/T 1033.1),计算得出
6	黏结强度(7d)	MPa	≥5	JC/T 1041

注:1. 符合《胶黏剂黏度的测定》(GB/T 2794)标准;

2. 符合《不饱和聚酯树脂试验方法》(GB/T 7193)标准;

3. 符合《树脂浇铸体性能试验方法》(GB/T 2567)标准;

4. 符合《混凝土裂缝用环氧树脂灌浆材料》(JC/T 1041)标准;

5. 符合《液态胶黏剂密度的测定方法　重量杯法》(GB/T 13354)标准;

6. 符合《塑料非泡沫塑料密度的测定》第1部分:《浸渍法、液体比重瓶法和滴定法》(GB/T 1033.1)标准。

2)修补工艺

(1)使用钢丝刷清洁裂缝区域表面,用真空吸尘器清除周围杂物。

(2)采用封缝材料封闭裂缝,封闭过程中留出注浆孔和排气孔。

(3)通过注浆器向裂缝内注入修补材料,直至注满为止。

(4)当修补材料固化后,去除封缝材料,并将裂缝表面打磨平整。

(5)在裂缝表面涂刷封缝材料,其修补材料及工艺与表面封闭法相同。

4)环境要求

施工适宜温度为5~30 ℃,雨雪天不得施工。

(三)无砟道床混凝土缺损修补方法

1. 修补材料

(1)混凝土缺损修补可采用树脂砂浆或聚合物水泥砂浆,其性能应满足表4-6要求。

表4-6　混凝土缺损修补材料性能要求

序号	项目	单位	指标要求	检测方法
1	抗折强度	MPa	≥5(2 h) ≥6(24 h) ≥8(7 d) ≥10(28 d)	JTJ/T 271
2	抗压强度	MPa	≥10(2 h) ≥20(24 h) ≥40(7 d) ≥50(28 d)	JTJ/T 271
3	收缩率(28d)	%	≤0.2	DL/T 5126
4	黏结强度(28d)	MPa	≥2.5	DL/T 5126

注:1. 符合《港口工程混凝土黏结修补技术规程》(JTJ/T 271)标准;

2. 符合《聚合物改性水泥砂浆试验规程》(DL/T 5126)标准。

(2)底涂材料可选用黏度较低的树脂或聚合物水泥净浆。

2. 主要修补工机具

切割机、真空吸尘器、计量工具、搅拌工具、盛料容器、抹子、铲刀、打磨器等。

3. 修补工艺

(1)将结构受损处松散混凝土和骨料颗粒凿除,并采用真空吸尘器清理缺损区域碎屑、灰尘等杂物。

(2)如有钢筋露出时,应对钢筋进行除锈、防锈处理,分次涂刷防锈剂。

(3)根据需要,在混凝土破损部位支立模板。

(4)在修补混凝土暴露面时,应涂刷底涂材料。

(5)计量并配制树脂砂浆或聚合物水泥砂浆。

(6)向混凝土缺损部位灌注树脂砂浆或聚合物水泥砂浆。

(7)待砂浆硬化后,拆除模板,将砂浆修正磨平。

4. 环境要求

施工适宜温度为 5 ~ 30 ℃,雨雪天不得施工。

(四)、轨道板锚穴封端脱落修补方法

1. 修补材料

CRTS Ⅰ型板式无砟轨道预应力混凝土轨道板锚穴封锚脱落修补材料包括:修补砂浆、界面剂和养护剂,其中修补砂浆性能应满足表 4 – 7 要求,界面剂性能应符合《混凝土界面处理剂》(JC/T 907—2002)要求,养护剂性能应符合《水泥混凝土养护剂》(JC 901—2002)要求。

表 4 – 7　锚穴封端脱落修补砂浆性能指标

序号	项　目	单位	性能要求	检测方法
1	抗压强度	MPa	≥30(2 h) ≥60(7 d)	GB/T 17671
2	抗折强度	MPa	≥3(2 h) ≥9(7 d)	GB/T 17671
3	抗渗性能		≥P20	DL/T 5126
4	收缩率	%	≤0.02	DL/T 5126
5	氯离子总含量		不应超过胶凝材料总量的 0.06%	铁道部科技司《客运专线铁路 CRTS Ⅰ型板式无砟轨道混凝土轨道板暂行技术条件》

注:1. 符合《水泥胶砂强度检验方法(ISO 法)》(GB/T 17671)标准;

2. 符合《聚合物改性水泥砂浆试验规程》(DL/T 5126)标准。

2. 主要修补工机具

真空吸尘器、搅拌机、多功能空气锤、盛料容器、称量工具等。

3. 修补工艺

(1)清除锚穴内原有砂浆残渣,对锚穴内壁进行凿毛,并采用真空吸尘器清除孔内杂物。

(2)按比例称取修补砂浆,采用搅拌机搅拌均匀。

(3)对锚穴内壁喷涂界面剂。

(4)将修补砂浆放入锚穴内,采用多功能空气锤进行封堵成型(图 4 – 5)。

(5)封堵成型完毕后,在封锚砂浆表面喷涂养护剂。

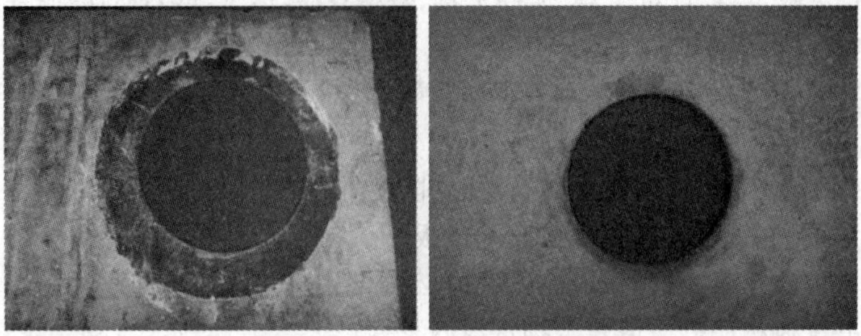

图4-5　封锚施工完成后封锚砂浆外观图

4. 环境要求

施工适宜温度为5~30 ℃,雨雪天不得施工。

(五)CRTS Ⅰ型板式无砟轨道砂浆层伤损修补方法

CRTS Ⅰ型板式无砟轨道水泥乳化沥青砂浆层伤损形式主要包括:砂浆层与轨道板间离缝、砂浆层缺损掉块及砂浆层裂缝等,针对三种伤损形式,可分别采用如下修补方法进行施作。

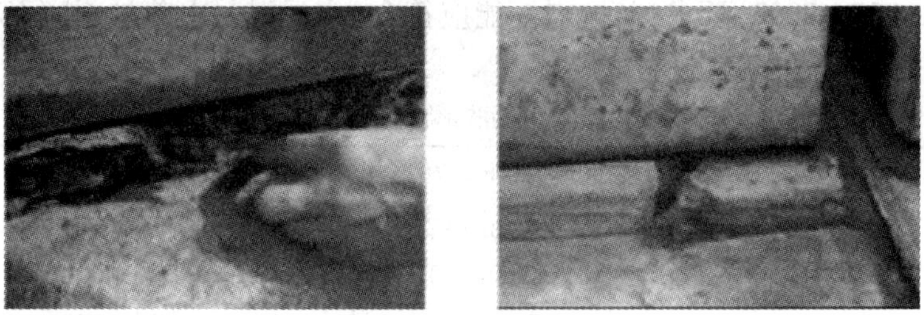

图4-6　板下砂浆层伤损

1. CRTS Ⅰ型板式无砟轨道水泥乳化沥青砂浆层离缝伤损修补方法

1)修补材料

CRTS Ⅰ型板式无砟轨道水泥乳化沥青砂浆层离缝伤损修补宜采用树脂材料,其主要性能应满足表4-8要求。

表4-8　砂浆离缝伤损修补材料性能要求

序号	项　目	单位	指标要求	检测方法
1	凝胶时间	min	≤40	GB/T 7193
2	拉伸强度(7 d)	MPa	≥20	GB/T 2567
3	抗压强度	MPa	≥6(2 h) ≥20(24 h) ≥30(7 d)	铁道部科技司《客运专线铁路 CRTS Ⅰ型板式无砟轨道水泥乳化沥青砂浆暂行技术条件》
4	弹性模量(7 d)	MPa	100~300	
5	断裂伸长率(7 d)	%	≥2	GB/T 2567

续表

序号	项目	单位	指标要求	检测方法
6	收缩率	%	≤8	通过测量液态密度(GB/T 13354)和成型硬化物的密度(GB/T 1033.1),计算得出
7	干黏结强度(7 d)	MPa	≥2	JC/T1041
8	潮湿基面黏结强度(7 d)	MPa	≥1.5	JC/T 1041

注:1. 符合《不饱和聚酯树脂试验方法》(GB/T 7193)标准;
2. 符合《树脂浇铸体性能试验方法》(GB/T 2567)标准;
3. 符合《液态胶黏剂密度的测定方法　重量杯法》(GB/T 13354)标准;
4. 符合《塑料非泡沫塑料密度的测定》第1部分:《浸渍法、液体比重瓶法和滴定法》(GB/T 1033.1)标准;
5. 符合《聚氨酯防水涂料》(GB/T 19250)标准;
6. 符合《混凝土裂缝用环氧树脂灌浆材料》(JC/T 1041)标准。

2)主要修补工机具

手持搅拌器(2 300 r/min,540 W)、压力灌浆机、泡沫密封条等。

3)修补工艺

(1)清理砂浆离缝处杂物,保证分离面清洁。

(2)使用泡沫密封条将离缝部位进行封堵,防止修补材料渗漏。

(3)准备修补材料,按规定的配合比,配制并采用手持搅拌器搅拌树脂材料,使用压力灌浆机进行树脂材料灌注(压力保持在0.2MPa),同时观察树脂渗漏情况,以灌注最高密封端出现溢流即灌注饱满。

(4)灌注完成后约1h,拆除泡沫密封条,检查灌注饱满和固化程度,如不饱满,应重新灌注。

(5)砂浆侧面修正,清理施工现场。

4)环境要求

施工适宜温度为5~30 ℃,雨雪天不得施工。

2. CRTS Ⅰ型板式无砟轨道水泥乳化沥青砂浆层缺损掉块修补方法

1)修补材料

砂浆层缺损掉块修补宜采用树脂砂浆材料,其性能应满足表4-9要求。

表4-9　砂浆层缺损掉块修补材料性能要求

序号	项　目	单位	指标要求	检测方法
1	树脂凝胶时间	min	≤30	GB/T 7193
2	抗压强度	MPa	≥2(2 h) ≥3(24 h)	铁道部科技司《客运专线铁路CRTS Ⅰ型板式无砟轨道水泥乳化沥青砂浆暂行技术条件》
3	弹性模量(28 d)	MPa	100~300	
4	收缩率(28 d)	%	≤0.2	DL/T 5126
5	黏结强度(28 d)	MPa	≥1.5	JC/T 1041

注:1. 符合《不饱和聚酯树脂试验方法》(GB/T 7193)标准;
2. 符合《聚合物改性水泥砂浆试验规程》(DL/T 5126)标准;
3. 符合《混凝土裂缝用环氧树脂灌浆材料》(JC/T 1041)标准。

2)主要修补工机具

电镐、模板、振捣器、搅拌机、钢丝刷、盛料容器、涂刷工具、燃烧器等。

3)修补工艺

(1)清理缺损、掉块处砂浆碎块和杂物,凿到新砂浆表面,清理后,烘烤干燥。

(2)根据缺损面积大小,选择模板法或无模板法进行修补:

①采用模板法时,首先支立模板,配制并搅拌树脂砂浆,灌注树脂砂浆至缺损位置,待树脂砂浆硬化后拆除模板;

②采用无模板法时,配制并搅拌树脂砂浆,将树脂砂浆填入缺损位置,采用振捣器将其振捣密实。

(3)砂浆侧面修正,清理施工现场。

4)环境要求

施工适宜温度为5~30 ℃,雨雪天不得施工。

3. CRTSⅠ型板式无砟轨道水泥乳化沥青砂浆层裂缝伤损修补方法

1)修补材料

砂浆层裂缝伤损修补宜采用树脂材料,其性能应满足表4-9要求。

表4-9 砂浆层裂缝伤损修补材料性能要求

序号	项 目	单位	指标要求	检测方法
1	凝胶时间	min	≤30	GB/T 7193
2	黏度	mPa·s	≤100	GB/T 2794
3	拉伸强度	MPa	≥6(2 h) ≥15(24 h) ≥20(7 d)	GB/T 2567
4	抗压强度	MPa	≥6(2 h) ≥20(24 h) ≥30(7 d)	铁道部科技司《客运专线铁路CRTSⅠ型板式无砟轨道水泥乳化沥青砂浆暂行技术条件》
5	断裂伸长率(7 d)	%	≥2	GB/T 2567
6	收缩率(7 d)	%	≤2	通过测量液态密度(GB/T 13354)和成型硬化物的密度(GB/T 1033.1),计算得出
7	黏结强度(7 d)	MPa	≥3	JC/T 1041—2007

注:1. 符合《不饱和聚酯树脂试验方法》(GB/T 7193)标准;

2. 符合《胶黏剂黏度的测定》(GB/T 2794)标准;

3. 符合《树脂浇铸体性能试验方法》(GB/T 2567)标准;

4. 符合《液态胶黏剂密度的测定方法 重量杯法》(GB/T 13354)标准;

5. 符合《塑料非泡沫塑料密度的测定》第1部分:《浸渍法、液体比重瓶法和滴定法》(GB/T 1033.1)标准;

6. 符合《混凝土裂缝用环氧树脂灌浆材料》(JC/T 1041)标准。

2)主要修补工机具

搅拌机、灌浆机等。

3)修补工艺

(1)清理砂浆裂缝处,并保持裂缝干燥。

(2)从侧面浸润或压注树脂修补材料,直到砂浆裂缝完全充填,进行封闭处理。

(3)砂浆侧面修正,清理施工现场。

4)环境要求

施工适宜温度为5~30 ℃,雨雪天不得施工。

(六)CRTS Ⅰ型板式无砟轨道凸形挡台周围树脂伤损修补方法

1. 修补材料

凸形挡台周围树脂伤损修补宜采用聚氨酯类材料,其性能应满足表4-10要求。

表4-10　凸形挡台周围树脂修补用聚氨酯类材料性能要求

序号	项　目	单位	指标要求	检测方法
1	凝胶时间	min	≤120	GB/T 7193
2	黏度	Pa·s	≤1	GB/T 2794
3	剪切强度	MPa	≥0.5(2 h) ≥1(24 h) ≥2(7 d)	铁道部科技司《客运专线铁路CRTS Ⅰ型板式无砟轨道凸形挡台填充聚氨酯树脂(CPU)暂行技术条件》
4	弹性系数(7 d)	kN/mm	10±2	
5	收缩率(7 d)	%	≤1	通过测量液态密度(GB/T 13354)和成型硬化物的密度(GB/T 1033.1),计算得出
6	黏结强度(7 d)	MPa	≥0.5	JC/T 1041

注:1. 符合《不饱和聚酯树脂试验方法》(GB/T 7193)标准;

2. 符合《胶黏剂黏度的测定》(GB/T 2794)标准;

3. 符合《液态胶黏剂密度的测定方法　重量杯法》(GB/T 13354)标准;

4. 符合《塑料非泡沫塑料密度的测定》第1部分《浸渍法、液体比重瓶法和滴定法》(GB/T 1033.1)标准;

5. 符合《混凝土裂缝用环氧树脂灌浆材料》(JC/T 1041)标准。

2. 主要修补工机具

钢凿、钢丝刷、无油空气喷嘴、树脂灌注设备等。

3. 修补工艺

(1)清理树脂伤损处,保证伤损凿井面清洁。

(2)充填树脂材料,直到离缝、裂缝或缺损处完全充填。

(3)修整表面,清理现场。

4. 环境要求

施工适宜温度为5~30 ℃,雨雪天不得施工。

(七)道岔区轨枕埋入式无砟道床维修作业

1. 混凝土岔枕维修作业

(1)混凝土岔枕(图4-7)伤损形式主要包括裂缝(图4-8)和缺损,其伤损等级按表4-11评定。

(2)对于Ⅰ级伤损裂缝,应进行观测记录,并定期观察其发展变化。

(3)对于Ⅱ级裂缝伤损,宜采用表面封闭法进行修补。

(4)对于Ⅲ级水平裂缝,宜采用无压注浆法进行修补。

图4－7 道岔区轨枕埋入式无砟道床

图4－8 道岔区道床板混凝土裂缝

(5)对于Ⅲ级垂直裂缝,应根据裂缝宽度选择合适的修补方法。当裂缝宽度<0.5 mm时,宜采用表面封闭法进行修补,修补材料、机具及工艺见附录一;当裂缝宽度≥0.5 mm时,宜采用低压注浆法进行修补。

(6)对于水平裂缝和垂直裂缝连通的Ⅲ级伤损,应先将垂直裂缝封闭,然后对水平裂缝采用注浆法进行处理。

(7)对于岔枕混凝土掉块缺损,可根据缺损面积大小,采用直接修补或立模修补方法进行处理。

表4－11 道岔区轨枕埋入式无砟底座伤损形式及伤损等级判定标准 mm

伤损部位	伤损形式	判定项目	评定等级			备注
			Ⅰ	Ⅱ	Ⅲ	
岔枕	裂缝	宽度	0.05	0.1	0.2	掉块或缺损应适时修补
道床板	裂缝	宽度	0.1	0.2	0.5	
	岔枕界面裂缝	宽度	0.1	0.2	0.3	
底座	裂缝	宽度	0.1	0.2	0.3	
底座伸缩缝	离缝	宽度	1.0	2.0	3.0	

2. 道床板维修作业

(1)道床板伤损形式主要包括混凝土裂缝、道床板与岔枕间的界面裂缝及混凝土缺损,其伤损等级按表4－12评定。

(2)对于Ⅰ级伤损,应进行观测记录,并定期观察其发展变化。

(3)对于Ⅱ级和Ⅲ级水平裂缝,宜采用无压注浆法进行修补。对于Ⅱ级和Ⅲ级垂直裂缝,应根据裂缝宽度选择合适的修补方法。当裂缝宽度<0.5 mm时,宜采用表面封闭法进行修补;当裂缝宽度≥0.5 mm时,宜采用低压注浆法进行修补。

(4)对于水平裂缝和垂直裂缝连通的Ⅱ级和Ⅲ级伤损,应先将垂直裂缝封闭,然后对水平裂缝采用注浆法进行处理。

(5)对于道床板与岔枕间的界面裂缝,可参照双块式无砟轨道维修作业方法处理。

(6)对于道床板混凝土缺损,可根据缺损面积大小,采用直接修补或立模修补方法进行处理。

3. 底座维修作业

(1)底座伤损形式主要包括混凝土裂缝和缺损,其伤损等级按表4－12评定。

表 4－12　CRTS Ⅰ型板式无砟底座伤损形式及伤损等级判定标准　　mm

伤损部位	伤损形式	判定项目	评定等级			备　注
			Ⅰ	Ⅱ	Ⅲ	
预应力轨道板	裂缝	宽度	0.05	0.1	0.2	掉块、缺损或封端脱落应适时修补
	锚穴封端离缝	宽度	0.2	0.5	1.0	
普通轨道板	裂缝	宽度	0.1	0.2	0.3	
凸形挡台	裂缝	宽度	0.1	0.2	0.3	
底座	裂缝	宽度	0.1	0.2	0.3	
底座伸缩缝	离缝	宽度	1.0	2.0	3.0	路基、隧道地段
水泥乳化沥青砂浆	离缝	宽度	1.0	1.5	2.0	掉块、缺损或剥落应适时修补
		横向深度	20～50	50～100	≥100	
		对角长度	20～30	30～50	≥50	
	裂缝	宽度	0.2	0.5	1.0	
凸形挡台周围填充树脂	离缝	宽度	1.0	2.0	3.0	缺损应适时修补
	裂缝	宽度	0.2	0.5	1.0	

(2)对于Ⅰ级伤损裂缝，应进行观测记录，并定期观察其发展变化。

(3)对于Ⅱ级和Ⅲ级水平裂缝，宜采用无压注浆法进行修补。

(4)对于Ⅱ级和Ⅲ级垂直裂缝，应根据裂缝宽度选择合适的修补方法。当裂缝宽度<0.5 mm时，宜采用表面封闭法进行处理，修补材料、机具及工艺见附录；当裂缝宽度≥0.5 mm时，宜采用低压注浆法进行处理。

(5)对于水平裂缝和垂直裂缝连通的Ⅱ级和Ⅲ级伤损，应先将垂直裂缝封闭，然后对水平裂缝采用注浆法进行处理。

(6)对于底座混凝土缺损，可根据缺损面积大小，采用直接修补法或立模修补法进行处理。

4. 底座伸缩缝维修作业

(1)混凝土底座伸缩缝伤损形式主要表现为伸缩缝与底座间的离缝，其伤损等级按表4－13评定。

(2)对于Ⅰ级伤损离缝，应进行观测记录，并定期观察其发展变化。

(3)对于Ⅱ级和Ⅲ级伤损离缝，宜采用柔性填充法进行处理。

(八)无砟道床混凝土伸缩缝、支承层裂缝伤损修补方法

1. 修补材料

混凝土伸缩缝、支承层裂缝伤损修补宜采用弹性聚氨酯树脂材料，其性能应满足表4－13要求。

表 4－13　混凝土底座伸缩缝、支承层裂缝伤损修补材料性能要求

序号	项目	单位	指标要求	检测方法
1	凝胶时间	min	≤30	GB/T 7193
2	黏度	mPa·s	≤5 000	GB/T 2794

续表

序号	项目	单位	指标要求	检测方法
3	拉伸强度	MPa	≥1(2 h) ≥2(24 h) ≥3(7 d)	GB/T 16777
4	断裂伸长率(7 d)	%	≥100	GB/T 16777
5	收缩率(7 d)	%	≤1	通过测量液态密度(GB/T 13354)和成型硬化物的密度(GB/T 1033.1),计算得出
6	黏结强度(7 d)	MPa	≥1.5	JC/T 1041

注:1. 符合《不饱和聚酯树脂试验方法》(GB/T 7193)标准;
2. 符合《胶黏剂黏度的测定》(GB/T 2794)标准;
3. 符合《建筑防水涂料试验方法》(GB/T 16777)标准;
4. 符合《混凝土裂缝用环氧树脂灌浆材料》(JC/T 1041)标准。

2. 主要修补工机具

手动注浆器、钢丝刷、真空除尘器等。

3. 修补工艺

(1)使用钢丝刷、真空吸尘器等清洁裂缝内杂物。

(2)采用胶带封闭两侧缝隙。

(3)采用手动注浆器向伸缩缝中注入修补材料,直至注满。

(4)待修补材料固化后,去除两侧封闭胶带;修正磨平凸出部位。

4. 环境要求

施工适宜温度为 5 ~ 30 ℃,雨雪天不得施工。

五、任务小结

通过本任务的学习,学生可以掌握 CRTS Ⅰ型板式无砟道床结构及主要技术要求与 CRTS Ⅰ型板式无砟道床轨道板维修作业方法、无砟道床混凝土裂缝修补作业方法、无砟道床混凝土缺损修补方法、轨道板锚穴封端脱落修补方法、CRTS Ⅰ型板式无砟轨道凸形挡台周围树脂伤损修补方法和 CRTS Ⅰ型板式无砟轨道砂浆充填层伤损修补方法。了解 CRTS Ⅱ型板式无砟道床结构及主要技术要求,CRTS Ⅱ型板式无砟道床轨道板维修作业方法,认识到无砟轨道是当今世界先进的轨道技术,可以减少维护、降低粉尘、美化环境。

练　　习

1. CRTS Ⅰ型板式无砟道床结构及主要技术要求有哪些?
2. CRTS Ⅰ型板式无砟道床轨道板维修作业有哪些?
3. CRTS Ⅰ型板式无砟轨道砂浆层伤损修补方法有哪些?
4. 简述无砟道床混凝土裂缝修补作业。
5. 简述道岔区轨枕埋入式无砟道床维修作业。

项目五　高速铁路无砟轨道道岔养护修理

一、学习目标

（一）知识目标

了解高速铁路无砟轨道采用的道岔主要型号及其养护维修，掌握高速铁路无砟轨道道岔的养护维修作业程序和要求。

（二）技能目标

能熟练使用工具完成无砟轨道道岔的养护维修，使无砟轨道道岔处于良好的技术状态。

（三）情感目标

激发学生积极主动探索新知的学习兴趣和热情，培养学生团队合作意识和有效沟通的能力。

二、任务描述

（一）任务实施环境

本任务首先在标准多媒体教室进行高速铁路无砟轨道采用的道岔主要型号及其养护维修预备知识的讲授。然后在铁路线路演练场完成操作练习，铁路线路演练场应具备不少于一组的无砟轨道道岔。

（二）任务目的

通过本任务的学习，使学生了解高速铁路无砟轨道采用的道岔主要型号及组成，掌握无砟轨道道岔维修的作业程序和要求；能够合作完成无砟轨道道岔更换和维修；并激发学生积极主动探索新知的学习兴趣和热情，培养学生合作意识和有效沟通的能力。

三、知识平台

（一）国内外现状和技术发展趋势

1. 国外现状

世界各国铁路道岔经历了一个比较长的发展过程，基本遵循与铁路正线运行速度相适应的模式。

以日本新干线和法国 TGV 为代表的高速铁路成功运营，有力地促进了高速道岔技术的发展，使道岔的总体水平有了质的飞跃。

德国和法国两国高速铁路建设起始于20 世纪70 年代后期，已有近40 年的发展历史，在高速道岔方面经过几代变换，日趋成熟，整体技术属世界一流，目前商业运营速度为300 km/h。

目前德国和法国已发展成可承担研究设计、加工制造及铺设等系统工程，形成了适应性极强的高速铁路道岔研发、生产、供应系统，是世界各国高速道岔的主要供应商。

总之，国外高速道岔的核心技术掌握在少数几个铁路发达国家手中，他们经过多年的发展,高速岔道的各项技术指标具有较高水平。

2. 国内现状

我国铁路道岔整体技术的发展经历了近半个世纪的历程。从年代上,大体可划分成三个阶段。

阶段一:20 世纪 50 年代至 90 年代初,基础建设阶段(图 5 - 1)。该阶段属于以路网建设为主的建设时期。

图 5 - 1　43 - 9 号普通道岔

阶段二:1996 年—2003 年,道岔提速阶段(图 5 - 2)。该期间道岔设计理论、结构设计及制造水平均有较大的提高,奠定了一定的铁路道岔理论基础和生产能力基础。

图 5 - 2　60 - 12 号提速道岔

阶段三:2003 年—2006 年,进入高速道岔研制阶段(图 5 - 3)。该期间进行了大量的国外考察,形成了一定的以客运专线道岔为主的高速道岔设计能力,生产能力还处于发展初期,小批量生产了第一代 18 号客专道岔。

2007 年至今在第一代客运专线道岔的基础上,进行了时速 350 km 客运专线 18 号道岔的研发,并对第一代时速 250 km 客专道岔进行了改进和完善,形成了定型图,并完成了 42 号客运专线道岔的设计。

图 5-3　60-18 号客专道岔

3. 技术发展趋势

随着机车运行速度的不断提高，道岔作为铁路运输的重要技术设备，技术要求很高，这就要求通过客运专线的建设，系统地建立道岔的理论体系和相对应的结构体系，使已有的研究成果能完整地指导新型高速道岔的设计开发。因此，坚持动态设计，提高关键部件的加工工艺，优化系统结构，进而提高列车在道岔上的运行速度以及道岔的使用寿命，保证列车的平稳舒适运行，成为道岔技术的发展方向。

(二) 高速铁路道岔特点

与普通道岔相比，高速铁路道岔的使用要求有较高的容许通过速度、较高的旅客乘坐舒适度、高安全性、高可靠性、较长的使用寿命与较少的维护工作量以及道岔的轨下基础与区间相匹配。

1. 较高的容许通过速度

目前国内客运专线分为两种，一种时速为 200～250 km/h，另一种时速为 300～350 km/h。道岔的通过速度应与区间相同，不能限速。同时由于列车运行速度较高，在个别岔位，对道岔侧向的通过速度也较高，需要采用大号码道岔。

2. 较高的旅客乘坐舒适度

列车在高速运行条件下，旅客对舒适度比较敏感。因此高速铁路的舒适度要求比普通铁路高得多。对于道岔区，列车通过时只能有轻微的感觉，甚至没有感觉，平稳性、舒适性要达到较高的水平。

3. 高安全性

对于高速运行的列车，安全性至关重要。保证列车通过时的安全性是道岔上道使用的前提。

4. 高可靠性

高可靠性也是列车高速运行的保证。

5. 较长的使用寿命与较少的维护工作量

客运专线由于行车速度高、密度大,只能在天窗点进行维护,因此要求道岔必须有较长的使用寿命,同时尽量减少养护维修工作量。

6. 道岔的轨下基础与区间相匹配

目前的客运专线分为有砟轨道和无砟轨道两种,道岔区的道床类型应与区间相区配,避免频繁的设置过渡段。

根据以上使用要求,高速铁路道岔具有以下特点:

(1)道岔种类较为单一,以单开道岔为主;

(2)道岔号码较大,一般在 18 号以上;

(3)道岔要具有高平顺性、高稳定性;

(4)辙叉普遍采用可动心轨辙叉;

(5)道岔适用于跨区间无缝线路;

(6)电务转换采用外锁闭装置;

(7)轨下基础采用混凝土长岔枕,并与道床相匹配;

(8)道岔要具有监测系统,用于严寒地区的道岔要具有融雪装置;

(9)道岔要具有较高的制造、组装、铺设精度;

(10)道岔的铺设需要专用设备。

正是由于客运专线道岔的以上特点,因而客运专线道岔的研究具有较高的技术含量和技术难度,国外高速道岔的技术也在不断的发展之中。

(三)高速铁路道岔的种类

高速铁路道岔均为单开道岔,其种类可以按采用的技术系列、速度(包括直向容许通过速度和倾向容许通过速度)、轨下基础类型进行分类。从技术系列上,可以分为客专线系列(我国自主研发,见表 5 - 1)、cN 系列(德国技术,见表 5 - 2)和 CZ 系列(法国技术,见表 5 - 3)。

表 5 - 1　客运专线系列道岔

道岔号数	18	42	62	备注
时速 250 km 客运专线(有砟道床)	客运专线(07)004	客运专线(07)011	—	
时速 350 km 客运专线(无砟道床)	客运专线(07)009	客运专线(07)006	客运专线(07)013	
道岔侧向容许通过速度(km/h)	80	160	220	

表 5 - 2　CN 系列道岔

道岔号数	18	39.113	42	50	备注
有砟道床	CN - 6118AB	—	—	—	
无砟道床	CN - 6118AS	—	CN - 6142AS	—	
道岔侧向容许通过速度(km/h)	80	160	160	220	

表 5 –3　CZ 系列道岔

道岔号数	18	41	备注
有砟道床	CZ6001/CZ6007	CZ6011	
无砟道床	CZ6002	CZ6006	
道岔侧向容许通过速度(km/h)	80	160	

根据目前的技术发展趋势,时速 350 km 客运专线采用无砟轨道,时速 250 km 客运专线采用有砟轨道。

(四)客运专线系列道岔的平面线型及总布置图设计

道岔的平面线型与列车侧向通过道岔时的舒适度密切相关,对于 18 号道岔,一般采用单圆曲线的平面线型,对于大号码道岔,一般采用圆曲线与缓和曲线的组合线型。

18 号道岔采用相离半切线的平面线型,导曲线半径为 1 100 m,尖轨相离值为 12 mm,从尖轨断面宽 26.8 mm 处向前作半切线。尖轨尖端至基本轨前端的距离为 1 955 mm。短心轨后端设斜接头。

18 号道岔尖轨长度为 21.45 m,转辙器部分长度为 23.392 m,辙叉部分长度为 20.992 m,导曲线部分长度为 24 m。道岔配轨长度均不超过 25 m。道岔的主要尺寸见表 5 –4。

表 5 –4　客运专线 60 –18 号和 60 –42 号道岔的主要尺寸　　m

道岔号数	道岔总长	前长	后长	辙叉角度	备注
客运专线 60 –18 道岔(自主研发)	69.0	31.729	37.271	3°10′47.39″	
客运专线 60 –42 道岔(自主研发)	157.2	60.573	96.627	1°21′50.13″	

时速为 250 km 的客专道岔和时速为 350 km 的客专道岔相比,道岔的主要尺寸相同,但可动心轨辙叉的咽喉位置不同,因而心轨长度等可动心轨辙叉的内部尺寸有所不同。

60 –42 号道岔采用圆曲线与三次抛物线的组合平面线型,圆曲经半径为 5 000 m,尖轨为半切线型尖轨,尖轨半切断面轨头宽为 3.7 mm,圆曲线与缓和曲线的切点在曲尖轨支距为 636.1 mm,缓和曲线的顶点位于道岔跟端,用于 4.6 m 线间距的渡线时,两道岔可以直接对接。尖轨长度为 44.24 m,配轨长度按不超过 50 m 考虑。

我国自主研发的 18 号(图 5 –4)和 42 号道岔有关参数见表 5 –5。

表 5 –5　客运专线 60 –18 号和 60 –42 号道岔有关参数表

道岔号数	18 号道岔	42 号道岔
转辙器长度(m)	23.992	46.19
可动心轨辙叉长度(m)	20.992	30.591
导曲线部分长度(m)	24.01	63.02
辙叉跟端以后长度(m)	—	17.392
尖轨牵引点数量	3	6
心轨牵引点数量	2	3
道岔总重(t)	38.9	81.6
可动心轨辙叉总重(t)	9.8	13.9

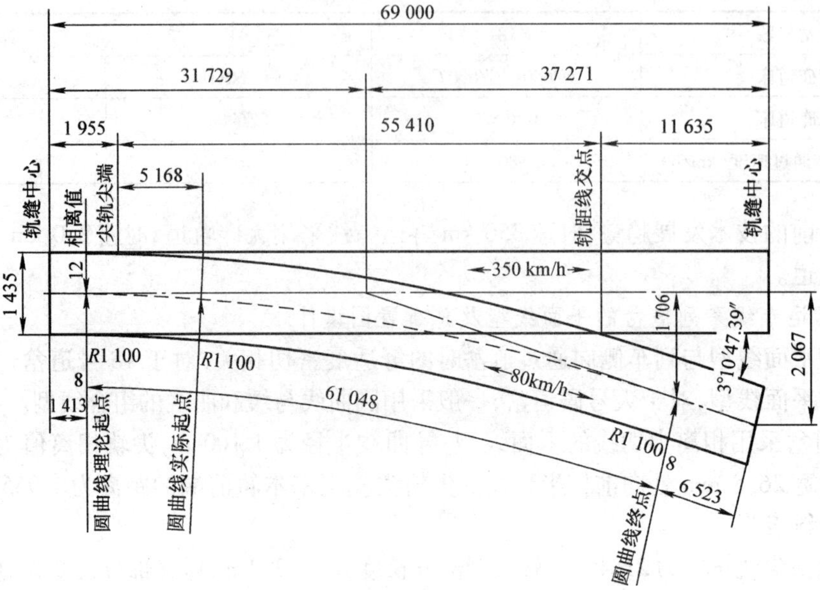

图5－4　客运专线18号单开道岔布置图

(五)客运专线道岔的结构

客运专线道岔在结构设计方面,与既有道岔有较大的不同,

1. 钢轨件

(1)基本轨、导轨、岔根轨用中国60 kg/m钢轨制造。

(2)尖轨、心轨用60D40钢轨制造(70 kg/m),不采用中国60AT钢轨,断面尺寸如图5－5所示。其优点是高度较小,便于滑床板的结构设计,横向刚度较小,有利于减小扳动力。

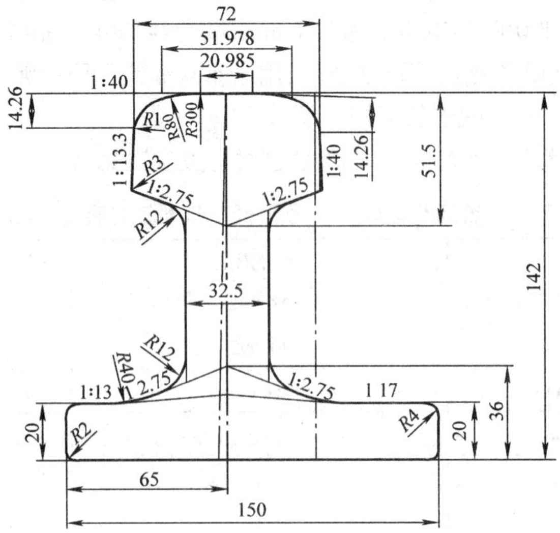

图5－5　60D40钢轨断面尺寸图

尖轨根端锻压成 60 kg/m 钢轨断面，成型段长度为 450 mm，过渡段长度为 150 mm，与提速道岔相同。

(3)护轨采用 33 kg/m 护轨用槽形钢制造(TB/T 3110—2005)，侧面工作作淬火处理。

(4)钢轨件材质与线路钢轨相同，时速 250 km 客专道岔轨头顶面作淬火处理，时速 350 km客专道岔不淬火。

(5)心轨采用 60D40 钢轨拼接。

2. 尖轨根端的传力结构

尖轨根端的传力结构有三种方式，一种为设间隔铁(图 5－6)，一种为设限位器(图5－7)，还有一种只用扣件固定。客专道岔按不同轨温差选用不同的传力结构。需要说明的是，对于限位器结构，在道岔锁定时，必须保证限位器子母块两侧的间隙偏差不大于 1 mm。

图 5－6　尖轨根端的间隔铁

图 5－7　尖轨根端的限位器

3. 滑床板范围基本轨内侧的弹性扣压

提速道岔在滑床板范围的基本轨内侧普遍采用弹片扣压，安装和拆卸不变，为此客专道岔改用弹性夹(图 5-8)扣压,其优点是扣压力大,安装和拆卸均较为方便。

图 5-8　施维格弹性夹

4. 滑床台板的减磨方案

为减小扳动和不足位移,尖轨和心轨的滑床台板必须采取减磨措施。目前的方案是尖轨和心轨的滑床台板表面增设钼基合金(MoS_2)自润滑复合镀层。此外,对于尖轨部分,每隔 3 m 左右增设一对辊轮滑床板。辊轮结构如图 5-9 所示。

图 5-9　施维格辊轮

采用施维格辊轮结构的特点是可以无级调高，最大调高量达 6 mm，可以方便地保证辊轮与滑床台板的接触。缺点是对辊轮的安装调整有一定要求，否则达不到辊轮的预期效果。

5. 可动心轨辙叉的翼轨

提速道岔采用 60AT 钢轨锻压的特种断面翼轨，虽然满足了工电接口的要求，但使用中也出现了磨耗不均等问题。为此客专道岔专门轧制了特种断面翼轨。在心轨一动处，要对翼轨轨底和轨底进行机加工，加工示意图如图 5－10 所示。心轨一动处工电接口示意图如图 5－11 所示。

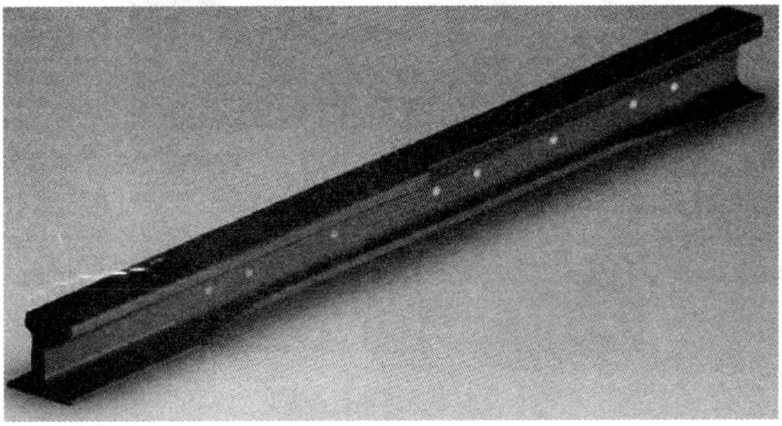

图 5－10　心轨一动处翼轨加工示意图

图 5－11　心轨一动工电接口示意图

由于目前的轧制特种断面翼轨定尺长度只有 22 m，而 42 号道岔的翼轨长度为 27.45 m，考虑到 42 号道岔数量较少，而长定尺轨的运输较为不便，因此本道岔的翼轨采用特种断面翼轨与普通 60 kg/m 钢轨厂内焊接的方式。特种断面翼轨的长度为 12.406 m，普通钢轨长度为 15.044 m。

6. 心轨结构

心轨采用 60D40 AT 钢轨组合的结构（图 5－12），具有制造简单、实现容易的特点，缺点是工电结合部的设计较为困难,整体性较差。但国内有多年的使用经验,技术相对成熟。

图 5 – 12　60D40 钢轨拼装式心轨

客专道岔取消了心轨前端的转换凸缘,采用机加工的方式进行制造。心轨前端的结构示意图如图 5 – 13 所示。

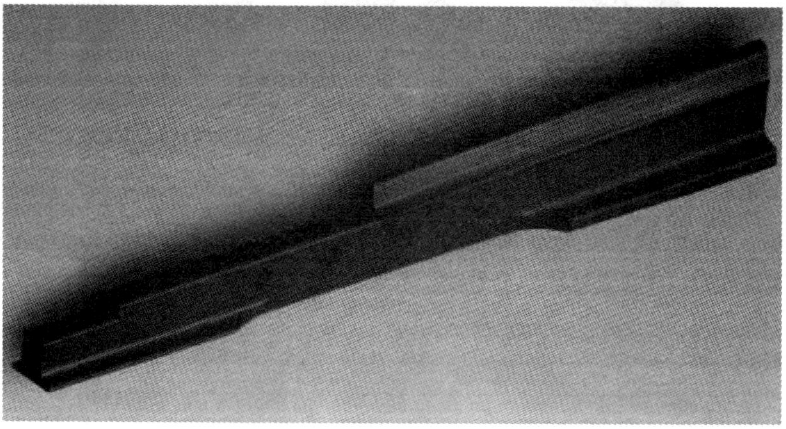

图 5 – 13　心轨前端结构示意图

对于时速 350 km 的道岔,心轨前端采用水平藏尖结构,如图 5 – 14 所示。因此心轨与时速250 km的客专道岔有所不同。铺设这种结构的道岔时需保证心轨尖端至翼轨前端的距离。

18 号道岔尖轨根端采用斜接,与岔根钢轨拼接,如图 5 – 15 所示。42 号道岔采用双肢弹性可弯结构,如图 5 – 16 所示。

图 5 - 14　道岔的水平藏尖结构

图 5 - 15　18 号道岔心轨根端的斜接头

图 5 - 16　42 号道岔的双肢弹性可弯心轨

心轨的防跳采用顶铁扣压尖轨或心轨轨底、在翼轨上设置防跳卡铁、将心轨前端伸到间隔铁下三种方式，如图 5 - 17 至图 5 - 19 所示。

8. 翼轨根端结构

翼轨根端结构是指翼轨心轨或岔根尖轨的连接方式。长期以来，国内采用间隔铁连接，并在间隔铁与钢轨之间采用胶接的方式，取得了较好的使用效果，为此客专道岔也采用该根端结构，在翼轨与心轨或岔根轨之间设置两个大间隔铁，并在厂内胶接好，如图 5 - 19 所示。

对于 42 号道岔，在岔后两心轨间，增设了两个间隔铁，并与大垫板相连。结构示意图如图 5 - 20 所示。

图 5－17　翼轨上的防跳卡铁

图 5－18　顶铁防跳

图 5－19　翼轨跟端结构

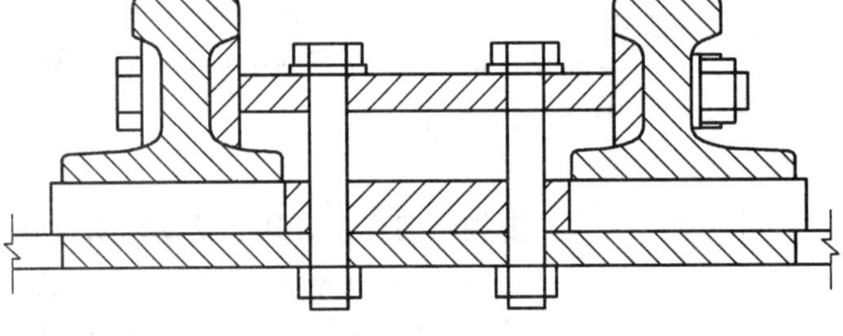

图 5－20　42 号道岔后端心轨与大垫板的连接示意图

9. 护轨

道岔直股不设护轨，侧股设防磨护轨。护轨采用 UIC33 槽型护轨结构，为减少冲击加长了护轨缓冲段长度。垫板为组合焊接垫板，钢轨内侧采用施维格弹性夹扣压，轨距调整采用缓冲调距块。护轨及护轨垫板如图 5－21 所示。

图 5－21　护轨及护轨垫板

10. 扣件

道岔采用弹条Ⅱ型扣件，通过铁座和轨距块扣压基本轨，结构形式与提速道岔相同。

钢轨下面设有 5 mm 厚橡胶垫板，在可动心轨辙叉的翼轨前半部分轨下面设 7 mm 厚橡胶垫板，而后半部分不设橡胶垫板（铁垫板上焊有台板）。在辙后、叉前等安装支距扣板的位置，及可动心轨辙叉安装轨撑、扣铁等的位置，T 形螺栓需从上向下安装，到底后旋转 90°上提，再拧紧螺母，如图 5－22、图 5－23 所示。平时需保持螺栓的紧固状态，防止螺栓脱落。

11. 无砟道岔混凝土岔枕

岔区轨道采用长枕埋入式无砟轨道，其结构如图 5－24 至图 5－27 所示。

1）岔枕间距

岔枕的间距绝大部分为 600 mm，在转辙机附近的几根岔枕之间，由于需要安装转辙机拉杆，枕间距离为 650 mm，而在其旁边的枕间距相应变为 575 mm。

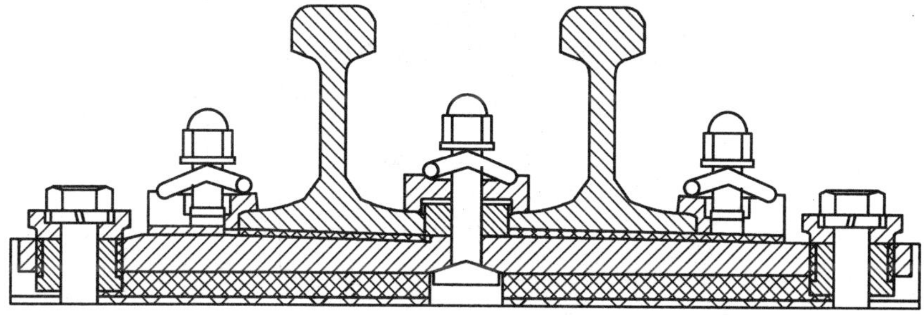

图 5－22　支距扣板安装图

图 5-23　辙叉扣板安装示意图

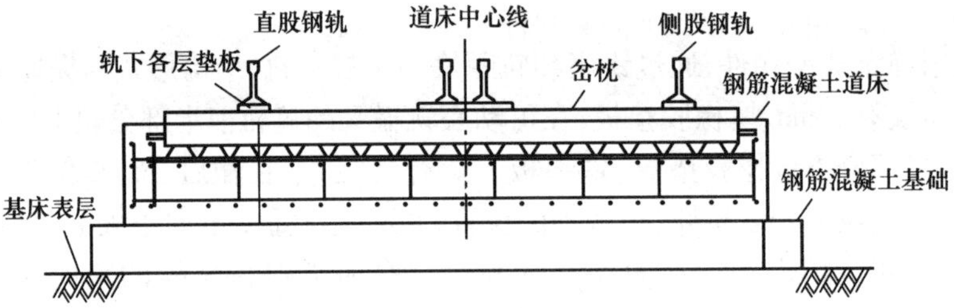

图 5-24　岔区无砟轨道结构

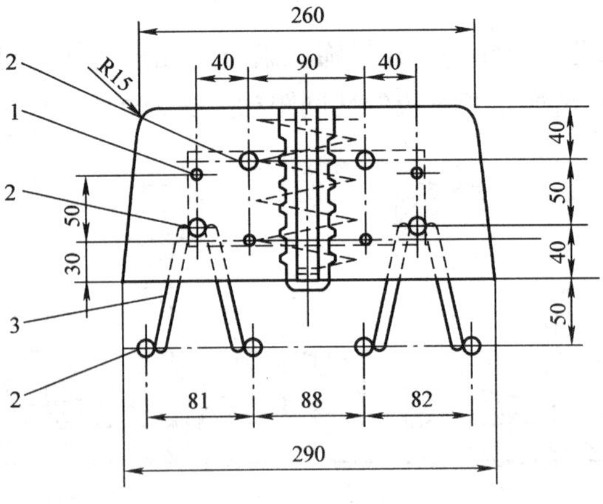

图 5-25　无砟轨道岔枕尺寸图

1—ϕ7.0 预应力钢丝；2—ϕ14 普通螺纹钢；3—ϕ8 螺纹钢

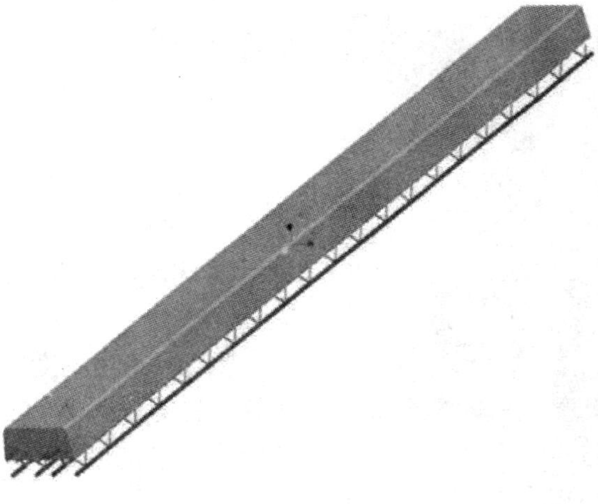

图 5-26　无砟轨道岔枕(1)

2)岔枕长度

岔枕长度与诸多方面有关联,不同的地段长度不尽相同,考虑到工厂生产和现场施工管理上的原因,宜尽量减少不同长度的种类,且均匀分布。经划分,大部分长度晋级为 100 mm 和 150 mm,转辙机牵引点处的岔枕和岔后岔枕的长度晋级又有不同。最短和最长的岔枕长度分别为 2.34 m 和 4.635 m。18 号道岔岔枕长度共分 24 种,总数量为 133 ~ 144 根。

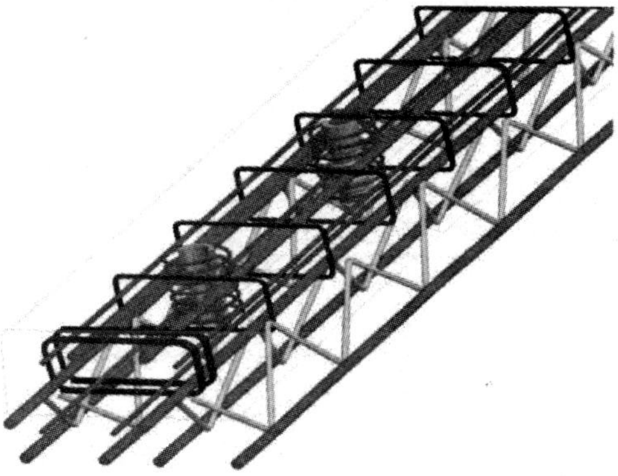

图 5-27　无砟轨道岔枕(2)

12. 融雪系统的配套

寒冬季节,若道岔中存有积雪或积冰,将可能导致斥离尖轨与基本轨间因积雪或冰块而不能转换到位,密贴尖轨或心轨因积冰而与基本轨、翼轨或滑床台板冻结而不能转换。国外研制有各种道岔融雪系统,利用燃气加热、热水循环、管道输送热空气、盐水喷射、电加热等方式除雪除冰。目前我国也开发出了电加热方式的道岔融雪系统。

采用在道岔上安装电加热元件及配套控制设备,通过采集钢轨温度、空气温度和积雪等信息,自动控制道岔加热系统的工作,可实现远程集中监控,动态监视环境温度、铁轨温度、降雪状态和加热融雪系统的工作状态等参数,有效适应铁路高速、安全和自动化等要求。

(六)无砟轨道道岔扣件伤损标准

道岔扣件系统安装与调整应符合铺设图要求,各零部件应保持齐全,作用良好。扣件有以下伤损情况,应及时更换:

(1)岔枕螺栓、T 形螺栓折断或严重锈蚀;

(2)调高垫板损坏;

(3)弹性铁垫板或弹性基板的橡胶与铁件严重开裂;

(4)弹条、弹性夹、拉簧、弹片等损坏或不能保持应有的扣压力,弹性夹、弹片、挡板损

图 5-28　道岔融雪系统

坏，弹性夹离缝、弹片与滑床板挡肩离缝、挡板前后离缝大于 2 mm；

(5)轨距块、挡板、缓冲调距块、偏心锥等严重磨损；

(6)套管失去固定螺栓的能力；

(7)垫板、滑床板、护轨垫板的焊缝开裂；

(8)滑床板损坏、变形或滑床台磨耗大于 3 mm。

弹性垫板静刚度值超过设计上限的 25%

不得对转辙器滑床台涂油，辙叉滑床板台可涂固体润滑剂，各部位螺栓涂油时不得污染橡胶垫板、弹性铁垫板和弹性基板。

四、任务实施

(一)道岔检查作业

1. 检查方法

道岔检查如表 5-6 所示。

表 5-6　道岔检查表

序号	检测项目	检测工具	检 测 方 法	示 意 图
1	道岔及调节器全长	钢卷尺、弹簧秤、磁力拉环	磁力拉环固定于钢尺末端，弹簧称拉紧端头，使用尺修正值确认长度	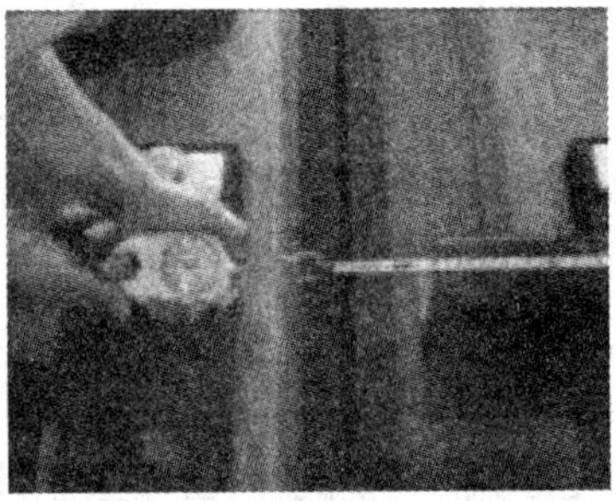
2	水平	轨距尺、轨道几何状态测量仪	观察气泡位置，确认水平高差	

续表

序号	检测项目	检测工具	检 测 方 法	示 意 图
3	高低	弦线、钢板尺、轨道几何状态测量仪	轨顶 10 m、弦线 5 m 交替测量线高差	
4	方向	弦线、钢板尺、轨道几何状态测量仪	轨头侧面(正线非工作边)10 m、弦线 5 m 交替测量线高差	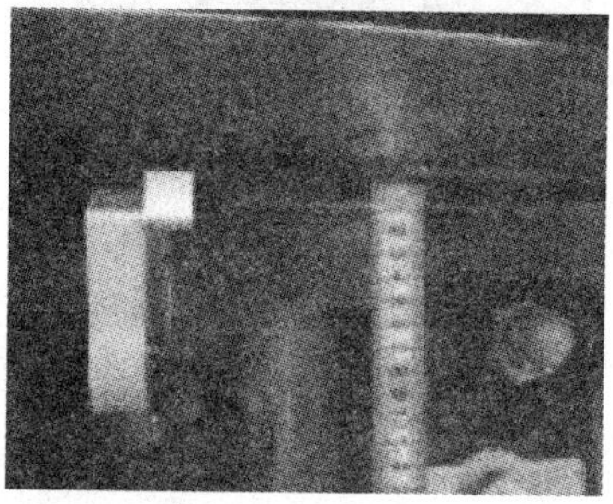
5	方正差	支距尺、方尺、钢板尺	道岔趾端任意处,支距尺垂直于直股工作边,板尺测量两股趾端至支距尺边距离相差值	
6	各部轨距	轨距尺、轨道几何、状态测量仪	轨距尺水平放置于测量点处,并使轨距尺垂直于直股工作边,测量两钢轨之间最小距离	
7	尖轨与基本轨密贴	塞尺	分别使用塞尺中合适厚度的尺片	

续表

序号	检测项目	检测工具	检测方法	示意图
8	直尖轨工作边直线度	弦线、钢板尺	轨头侧面（尖轨工作边）10 m弦线 5 m 交替测量线高差	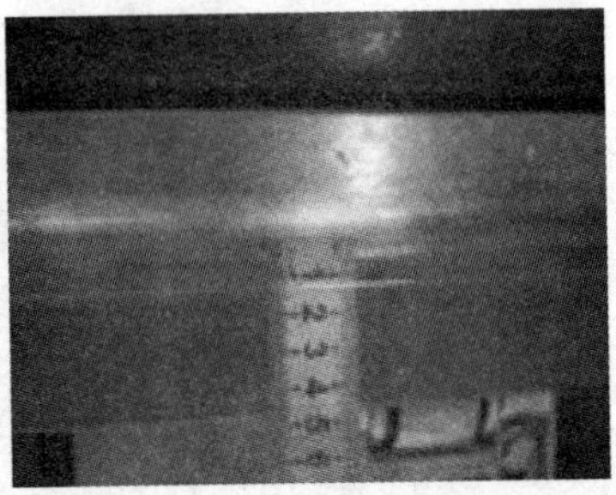
9	尖轨与基本轨间顶铁间隙	塞尺	使用塞尺中合适厚度的尺片逐一反复滑塞，根据塞尺确认缝隙大小	
10	尖轨轨底与滑床台	塞尺	使用塞尺中合适厚度的尺片逐一反复滑塞，确认厚度，确认缝隙	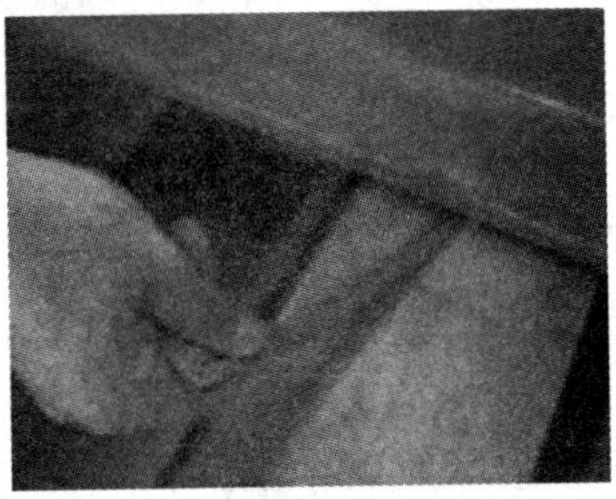
11	尖轨相对基本轨的降低值	平尺、钢板尺深度尺、特制样板	平尺水平放置于基本轨之上，用钢板尺测量平尺至尖轨断面点距离，必要时使用深度尺测量	

续表

序号	检测项目	检测工具	检测方法	示意图
12	转辙器部分最小轮缘槽	卡钳、钢板尺、特制样板、卡尺	用卡钳在基尖轨之间滑动(16 mm 工作边处)确认最窄处并量出数据	
13	尖轨限位器两侧缝隙偏差		测量限位器两边缝隙，确认偏差	
14	道岔导曲线支距	盘尺、支距尺	使用支距尺测量各个支距点数据，方法如前所述	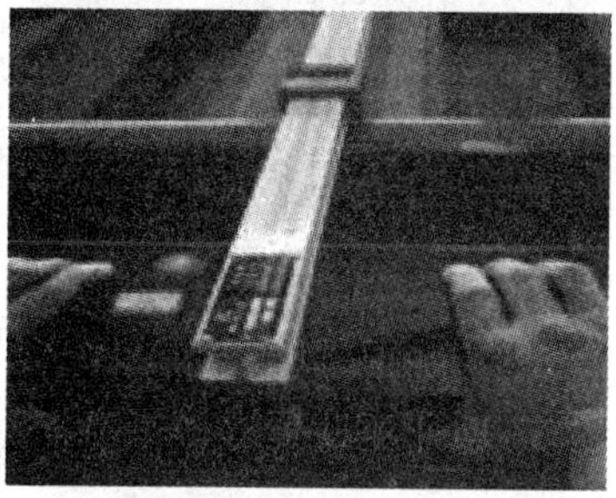
15	辙叉趾端开口距	钢板尺、卷尺	使用量具测量两翼轨工作边线之间距离，两种量具均可使用	
16	岔枕位置偏差	卷尺、盘尺	盘尺确认大枕距，卷尺复合小枕距	

续表

序号	检测项目	检测工具	检测方法	示意图
17	尖轨轨底和辊轮及滑床台板的缝隙	辊轮测试专用调试、检测工具	使用专用工具进行安装、调试和检测	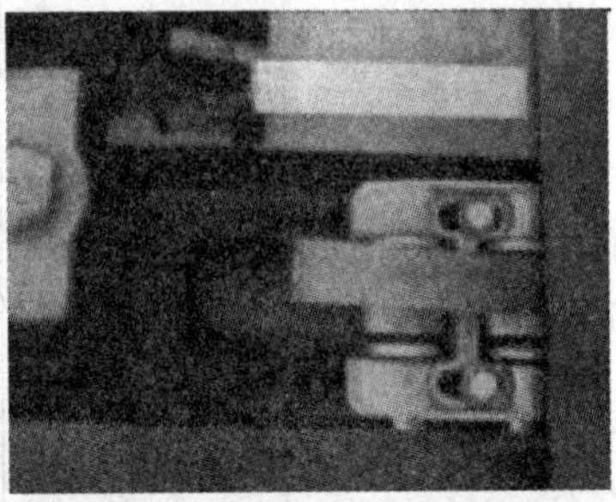
18	各种螺母紧固力度	测力扭矩扳手	使用测力扭矩扳手检测相应螺栓紧固力度是否达标	
19	顶面轮廓测试(含轨顶坡、降低值)	钢轨顶面轮廓测试仪	—	
20	可动心轨辙叉咽喉宽测量方法同序号12			
21	心轨和翼轨密贴测量方法同序号7			
22	叉根尖轨与短心轨密贴测量方法同序号7			
23	心轨各控制断面相对翼轨的降低值测量方法同序号11			
24	心轨轨底与台板缝隙测量方法同序号10			
25	心轨直股工作边直线度测量方法同序号8			
26	心轨轨腰与顶铁的缝隙测量方法同序号9			
27	叉根尖轨轨腰与顶铁的缝隙测量方法同序号9			
28	护轨平直段、缓冲段、开口段轮缘槽宽度测量方法同序号12			
29	查照间隔测量方法同序号6			
30	尖轨、心轨各牵引点处开口值测量方法同序号12			

2. 整修方法

根据轨距、水平检查数据导出或病害检测分析表，以及其他检查情况、分析病害，制定整修方法。

（二）道岔精调作业

1. 精调作业方法

（1）道岔线型横向、轨距、方向的调整量计算应遵循“先保证直股，再兼顾曲股；转辙区和辙叉区少动，两端线路顺接”的原则。

（2）道岔精调基准：高程以基本轨（外轨）为基准轨，平面以尖轨（内轨）为基准轨。

（3）转辙区调整：先用轨道精调小车将尖轨前端及跟端处平面、高程及轨距调整到位，然后利用选线调整轨距优化区直基本轨平面位置、利用轨距调整直尖平面位置，再开通曲股调整曲尖轨与直基本轨的密贴。

（4）辙叉区调整：利用轨道精调小车调整辙叉区的高程及平面。

（5）连接部分调整：利用轨道精调小车先调整直股的高程及平面，再调整曲股的高程及平面。

（6）支距调整，以直基本轨一侧为基准，按照先调整支距再调轨距的步骤进行。

（7）尖轨、心轨密贴的调整：通过更换偏心锥或顶铁调整尖轨、心轨顶铁间隙，并同时与调整轨距、支距相结合，确保尖轨与基本轨密贴；可动心轨在轨头切削范围内应分别与两翼轨密贴；开通侧股时，叉跟尖轨尖端与短心轨密贴。

（8）轨距、方向调整操作如下所述。

① 作业要求：通过调整缓冲调距块和铸铁轨距块调整轨距、方向，FAKOP 的构造尺寸要结合弦线进行改正。

② 作业方法：将调查的病害提前写在钢轨上，松开里外口基板与轨枕的固定螺栓，将预压盖及螺栓取下，更换缓冲调距块（如：轨距大，将缓冲调距块大的一面全部面向道心，也就是里口），用缓冲调距块调整螺栓孔径位置，使孔径位置发生变化，用缓冲调距块挤压基板，使基板发生变化，实现钢轨位移，达到轨距变化的目的，调整后逐根测量轨枕。在道岔连接部位也可通过调换铸铁轨距块的方法调整轨向和轨距。

（9）高低、水平调整操作如下所述。

① 作业要求：采用调高垫板在橡胶垫板与岔枕之间调整高低、水平。

② 作业方法：将调查的病害提前写在钢轨上，松开里外口垫板与轨枕的固定螺栓，将预压盖及螺栓取下，用起道压机将钢轨打起，撤出原有的垫片，调整提前计算好的垫片，使水平和高低发生变化，达到预期目的。

（10）几何尺寸调整到位后，应立即复紧扣件，调整顶铁离缝，使各部位几何尺寸有效保持。

（11）建立轨道几何状态的统一数据库，并加强管理，确保资料的可追溯性。

（12）质量回检，清点材料、机具。

2. 作业标准

道岔精调尺寸，应符合高速铁路道岔维修有关规定。

3. 作业注意事项

（1）无砟道岔精调范围包括道岔及前后各 200 m 线路过渡段，以此作为一个测量单元。

(2)调整道岔扣件时,连续松开的扣件不得超过七个,严禁同时松开两股钢轨扣件,确保道岔锁定轨温不发生变化。

(3)调整平面时,宜从调整区中间向两侧调整,以消除累计误差;当同一区段的平面和高程都需要调整时,两者应同时调整,以减少扣件拆除次数。

(4)牵引点处及轨距优化区前后轨距宁大勿小,以确保密贴及轨距均匀变化。

(5)在电子道尺和轨距尺使用过程中,要防止尺身受到剧烈的外部撞击;防止尖锐器物接触检测尺的显示屏,以免造成显示屏玻璃破碎;每三个月必须检定一次,合格标示清晰,不得超期使用。

五、任务小结

通过本任务的学习,学生可以掌握高速铁路无砟道岔的类型和道岔的组成,能对道岔的轨距、水平(超高)高低、轨向、支距、查照间隔、道岔各部位间隙等进行精确测量。通过对道岔静态调整,满足高速铁路线路道岔高平顺性的要求。熟悉作业标准和作业过程中的注意事项。

练　　习

1. 客运专线道岔的结构有哪些?
2. 简述无砟道岔检查方法?
3. 无砟道岔的精调方法及注意事项有哪些?

项目六　高速铁路无砟轨道钢轨伸缩调节器养护修理

一、学习目标

（一）知识目标

了解高速铁路无砟轨道采用钢轨伸缩调节器的作用、熟悉钢轨伸缩调节器的类型及组成，掌握高速铁路无砟轨道钢轨伸缩调节器养护维修作业程序和要求。

（二）技能目标

能熟练使用工具完成无砟轨道钢轨伸缩调节器的养护维修，使无砟轨道钢轨伸缩调节器处于良好的技术状态。

（三）情感目标

激发学生积极主动探索新知的学习兴趣和热情，培养学生的团队合作意识和有效沟通的能力。

二、任务描述

（一）任务实施环境

本任务首先在标准多媒体教室进行高速铁路无砟轨道钢轨伸缩调节器及其养护维修的讲授，然后在铁路线路演练场完成操作练习。铁路线路演练场应具备不少于一组的无砟轨道道岔。

（二）任务目的

通过本任务的学习，使学生了解高速铁路无砟轨道钢轨伸缩调节器及组成，掌握无砟轨道钢轨伸缩调节器维修的作业程序和要求；能够合作完成无砟轨道钢轨伸缩调节器维修，并激发学生积极主动探索新知的学习兴趣和热情，培养学生合作意识和有效沟通的能力。

三、知识平台

（一）钢轨伸缩调节器的作用

钢轨伸缩调节器（简称调节器，如图 6－1 所示）是高速铁路重要的轨道部件之一。高速铁路长大连续桥梁上铺设无缝线路，通常需要设置调节器。调节器的功能是协调因温度引起的长大桥梁梁端伸缩位移和长钢轨伸缩位移之间的位移差，使桥上长钢轨自动调整温度力，从而减小轨道及桥梁所承受的荷载。

（二）钢轨调节器的类型

（1）按运行速度分为时速 250 km 高速铁路有砟轨道（兼顾货运）钢轨伸缩调节器和时速 350 km 高速铁路无砟轨道钢轨伸缩调节器两种型号。

（2）按伸缩方向分为单向调节器和双向调节器两种类。

（3）按轨下基础类型可分为无砟轨道用和有砟轨道用两种类型。

图 6－1　钢轨伸缩调节器

（三）钢轨调节器的组成

高速铁路钢轨伸缩调节器（图 6－2）左右股对称，单向调节器由基本轨、尖轨（图 6－3）、铁垫板总成、轨枕或轨道板组成；双向调节器由基本轨、双向尖轨、铁垫板总成、轨枕或轨道板组成，长度约为同类型单向调节器长度的两倍。调节器尖轨工作边提供轨距线，以使基本轨伸缩、尖轨锁定。基本轨允许伸缩量为 ±400 mm。

铁垫板零部件包括基本轨和尖轨轨撑、轨撑螺栓、轨距调整片、铁垫板、弹性垫板及调高垫板、垫板螺栓等。

（四）调节器的参数

调节器的参数如表 6－1 和表 6－2 所示。

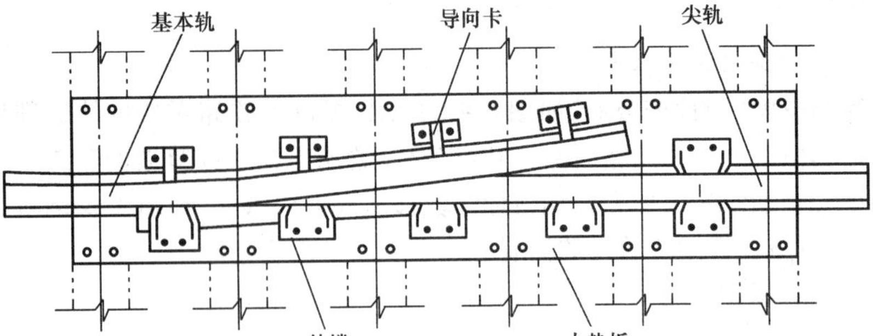

图 6－2　钢轨伸缩调节器基本组成

图 6－3　尖轨尖端

表 6－1　250 km/h 客运专线(兼货运)有砟轨道调节器尖轨断面及降低值　　mm

至轨尖端距离	断面宽度	轨顶降低值
0	1	23
599	2.5	16
1 050	5	14
3 003	20	4
4 367	35	1.7
6 800	50	0

表 6－2　350 km/h 客运专线无砟轨道调节器尖轨断面及降低值　　mm

至轨尖端距离	断面宽度	轨顶降低值
0	0.67	23
450	1.5	16
576	1.8	14
3 350	15	3
5 600	35	0.5
6 040	40	0

四、任务实施

(一)调节器修理作业

1. 钢轨部件

(1)钢轨部件包括:基本轨和尖轨。钢轨件伤损按程度分为轻伤、重伤和折断三类。

(2)钢轨调节器的基本轨和尖轨同时更换,钻孔位置避开基本轨伸缩范围。

2. 扣件系统及其他零部件

1)扣件系统安装顺序

(1)在轨枕上放置调高垫板。

(2)铺设板下弹性垫板,板下弹性垫板及调高垫板孔应与预埋绝缘套管孔对正。

(3)安放钢垫板,螺栓孔中心与预埋绝缘套管孔对正。

(4)将复合定位套安放在垫板孔内,保证其下表面与轨枕、轨道板或调高垫板接触。

(5)将盖板安放在钢垫板上,装有橡胶垫圈一面朝下。

(6)将岔枕螺栓套上弹簧垫圈,并将螺纹部分涂满铁路专用油脂,穿过盖板旋入预埋绝缘套管中。轨距确认合适后以 300 ~ 350 N · m 扭矩拧紧垫板螺栓,固定钢垫板。

(7)根据铁垫板的铺设位置,放置基本轨轨撑或尖轨轨撑,并使轨撑螺栓孔与铁垫板上孔中心对齐。

(8)放置轨距调整片。

(9)放置轨撑螺栓,再放置压块和垫圈及螺母,初拧螺母扭矩为 50 ~ 100 N · m。

(10)轨距及各部密贴调整合格后,将轨撑螺母拧紧到扭矩为 400 ~ 500 N · m。

2)钢轨高低调整

松开垫板螺栓,在板下弹性垫板和岔枕之间加垫合适厚度的调高垫板,调高量大于 15 mm时更换为 B 型螺栓。

3. 轨下基础

按照无砟轨道确定的养护维修办法执行。

(二)日常养护

1. 日常保养

日常保养工作中,应使调节器保持尖轨锁定、基本轨可伸缩状态,防止尖轨爬行和基本轨异常伸缩。

2. 定期检查

每月检查调节器铺设状态不少于 1 次,在高温、低温及昼夜温差大的季节加强检查。

3. 注意事项

(1)调节器所有螺母扭矩应达到规定的数值。

(2)单向调节器应加强尖轨及其后 50 ~ 100 m 范围内钢轨的锁定,保持该范围的线路平均阻力不得小于 8 kN/m/轨;双向调节器应加强尖轨范围的锁定。基本轨向后 300 m 范围内的线路平均阻力不得小于 4 kN/m · 轨。保持轨下垫板位置正确。

(3)调节器在组装状态下,不得对基本轨、尖轨和其所焊联的钢轨进行张拉或顶推作业。

(4)焊接接头应满足相关技术条件的规定。

(5)如果尖轨或基本轨顶面出现肥边现象,应及时打磨。

(6)尖轨或基本轨轨头出现擦伤应及时修复或更换。

(7)尖轨轨顶零降低值及以上断面处,尖轨顶面低于基本轨顶面时,应及时修理或更换。

(8)每半年对基本轨轨撑螺栓、尖轨轨撑螺栓涂油一次;不得对尖轨轨撑贴合面和台板顶面进行涂油或使油污落入。

(9)日常应清扫灰砂、清除污垢,保持各部件清洁。

五、任务小结

通过本任务的学习,学生可以掌握无砟轨道钢轨伸缩调节器的作用、组成和类型,钢轨伸缩调节器的维修作业方法;熟悉无砟轨道钢轨伸缩调节器日常维修及注意事项。

练　　习

1. 钢轨伸缩调节器的作用是什么？有哪些类型？
2. 钢轨伸缩调节器日常养护维修注意的事项有哪些？

附　录

一、高速铁路无砟轨道检查内容及检查周期

高速铁路无砟轨道检查应坚持动态检查为主，动、静态检查相结合，结构检查与轨道几何尺寸检查并重的原则。

（一）动态检查

（1）应采用检查车（综合检测列车、轨道检查车）、检查仪（车载式和便携式线路检查仪）等检测设备进行周期性检查，掌握线路局部不平顺（峰值管理）和线路区段整体不平顺（均值管理）的动态质量。

（2）工务段应对检查车的检测结果进行分析，以指导无砟道床及扣件的维修。

（3）检查仪和添乘检查发现不良处所，应及时进行确认、处理，具体办法由铁路局规定。

（4）高速铁路线路动态检查周期：

①检查车每10～15天检查一遍；

②动车组应安装车载式线路检查仪，保证每天至少对线路检查一遍；

③工务段应使用便携式线路检查仪检查线路，每周至少两遍；工务段（副）段长、车间主任应使用便携式线路检查仪检查线路，每月至少一遍。

（5）检查车作检查报告。

①检查发现Ⅲ级及以上偏差时，检测单位应立即通知铁路局，对Ⅲ级偏差处所应及时处理，对Ⅳ级偏差处所应立即限制行车速度并及时处理，具体办法由铁路局规定。

②检测单位应及时将检测报告提交给有关单位，每月（年）向铁道部提报月度（年度）检测分析报告（含轨检车线路评分统计报告表）。

（6）应采用巡检系统检查无砟道床及扣件状态，每季不少于一次。

（二）静态检查

（1）轨道静态检查应采用绝对测量系统（精测网）和相对测量系统（轨道几何状态测量仪和其他辅助检测设备）相结合的方法。

（2）线路车间负责对管辖线路的无砟道床和扣件状态进行周期性检查，并做好详细记录，掌握其伤损发展情况。

（3）工务段（副）段长、线路车间主任每月应跟班上线检查，具体办法由铁路局规定。

（4）无砟道床检查周期：

①无砟道床每半年检查一遍；

②对未处理的Ⅱ级伤损处所每季度检查一遍。

无砟道床的检查内容如表1至表5所示。应根据其伤损状态进行伤损等级评定。

附　录

表 1　CRTS Ⅰ型板式无砟轨道静态检查记录表

里程	检查部位	检查内容	伤损情况	伤损等级
	轨道板	板体及锚穴封端的裂缝、缺损		
	凸形挡台	裂缝、缺损		
	底　座	裂缝、缺损		
	伸缩缝	离缝、破损		
	水泥乳化沥青砂浆层	离缝、裂缝、缺损及剥落		
	挡台周围填充树脂	离缝、裂缝、缺损		
	排水通道	积水情况		—

表 2　CRTS Ⅱ型板式无砟道床静态检查记录表

里程	检查部位	检查内容	伤损情况	伤损等级
	轨道板	裂缝、缺损		
	板间接缝	离缝、裂缝		
	水泥乳化沥青砂浆层	离缝、裂缝、缺损及剥落		
	支承层	离缝、裂缝、缺损		
	底座板（含后浇带）	裂缝、离缝、缺损		
	侧向挡块	裂缝、缺损		
	弹性限位板	隔离状态		—
	挤塑板	安装状态、离缝		
	滑动层	汲水情况		—
	排水通道	积水情况		—

表 3　双块式无砟道床静态检查记录表

里程	检查部位	检查内容	伤损情况	伤损等级
	双块式轨枕	裂缝、缺损		
	道床板	裂缝（含界面裂缝）、缺损		
	支承层	离缝、裂缝、缺损		
	底座	裂缝、缺损		
	隔离层	汲水情况		—
	排水通道	积水情况		—

表4　道岔区轨枕埋入式无砟道床静态检查记录表

里程	检 查 部 位	检 查 内 容	伤损情况	伤损等级
	岔枕	裂缝、缺损		
	道床板	裂缝(含界面裂缝)、缺损		
	底座	裂缝、缺损		
	伸缩缝	离缝、破损		
	排水通道	积水情况		—

表5　道岔区板式无砟道床静态检查记录表

里程	检 查 部 位	检 查 内 容	伤损情况	伤损等级
	道岔板	裂缝、缺损		
	底座	离缝、裂缝、缺损		
	找平层	裂缝、缺损		
	桥上岔区侧向挡块	裂缝、缺损		
	桥上岔区滑动层	汲水情况		—
	排水通道	积水情况		—

(6)扣件的检查内容和周期如表6所示。线路开通前,应对扣件安装状态、部件缺损、预埋套管等进行全面查看,对弹条紧固状态和锚固螺栓扭矩全面查看、重点检测。应加强无砟轨道扣件弹性垫板刚度检查,分析其弹性衰减规律。

表6　扣件检查内容与周期

检 查 内 容	检 查 周 期
扣件安装状态、部件缺损、预埋套管等	每半年检查1遍
弹条紧固状态(WJ-7、WJ-8、300-1型扣件)	每半年检查1遍,每公里连续抽查50个
弹条扣压状态(SFC型扣件)	每半年检查1遍,每公里连续抽查50个
钢轨与绝缘块、轨距挡板间隙	每半年检查1遍,每公里连续抽查50个
锚固螺栓扭矩(WJ-7、SFC型扣件)	每半年检查1遍
弹性垫板刚度	每年抽检1次,抽检数量3块/50 km

(7)应积极采用先进的检查设备,保证检查质量,指导养护维修工作。

① 应备有扣件扣压力、扭矩等检测及仪器标定设备,扣压力、扭矩检测设备每年应至少标定一次,误差不得大于4%;标定设备误差不得大于1%。

② 应备有混凝土、水泥乳化沥青砂浆等裂缝宽度、深度及结构层间缝隙的检测器具。

二、无砟轨道道岔和钢轨调节器检查内容及检查周期

(一)道岔和调节器状态定期静态检查的内容和周期

(1)道岔和调节器状态检查包括定期静态检查和动态检查,检查内容各有侧重。

(2)各级养护人员应对道岔和调节器有计划进行定期静态检查,根据年通过总重的不同可有不同的检查周期。检查周期最长不得大于1个月。

(3)道岔状态定期静态检查应至少包括以下内容:

①道岔区轨道的轨距、水平、支距、高低、轨向;

②道岔区轨道的平面位置和高程;

③尖轨相对于基本轨、心轨相对于翼轨的高差;

④斥离尖轨非工作边与基本轨工作边的最小间距;

⑤护轨轮缘槽宽度;

⑥尖轨与基本轨、心轨与翼轨、短心轨和岔根尖轨的缝隙,尖轨与滑床台板、心轨与滑床台板的缝隙,尖轨与顶铁、心轨与顶铁的缝隙;

⑦辊轮状态;

⑧尖轨、可动心轨、基本轨、岔根尖轨、导轨及护轨的磨耗、伤损和病害;

⑨滑床台有无与基板脱焊及台面磨耗情况;

⑩扣件有无松动或失效;

⑪AT弹条、矩形弹条(Ⅲ型道岔滑床板使用)有无失效;

⑫垫板有无折断;

⑬限位器、间隔铁、顶铁、轨撑、接头铁、连杆的联结螺栓松动、变形或损坏情况;

⑭钢轨顶面光带有无异常;

⑮其他零件损坏、变形或缺失;

⑯焊缝和胶结绝缘接头状态;

⑰道岔爬行和位移(尖轨相对于基本轨和转辙机位移,心轨相对于翼轨和转辙机位移,基本轨相对于观测桩的位移等);

⑱轨下基础状态和伤损情况。

(4)调节器状态定期静态检查应至少包括以下内容:

①调节器的轨距、水平、高低、轨向;

②调节器的平面位置和高程;

③尖轨相对于基本轨的高差;

④尖轨与基本轨、尖轨与扣件间的缝隙;

⑤尖轨、基本轨的磨耗、伤损和病害;

⑥扣件有无松动或失效;

⑦垫板有无折断;

⑧轨撑、扣件的变形、伤损情况;

⑨钢轨顶面光带有无异常;

⑩其他零件损坏、变形或缺失;

⑪调节器爬行和位移(尖轨相对于基本轨的位移等);

⑫焊缝状态。

(5)道岔和调节器状态检查应使用下列检测工具和设备：

①使用轨道几何状态测量仪对道岔和调节器的绝对位置进行检查；

②使用轨道几何状态测量仪并配合以轨距尺、支距尺、弦绳对道岔的轨距、支距、查照间隔、水平、高低、方向等进行检查，对调节器的轨距、水平、高低、方向等进行检查；

③使用塞尺检测尖轨与基本轨、心轨与翼轨、短心轨和岔根尖轨的缝隙，尖轨与滑床台板、心轨与滑床台板的缝隙，尖轨与顶铁、心轨与顶铁的缝隙；

④使用游标卡尺检测尖轨、基本轨、心轨、翼轨、叉跟尖轨等钢轨件的几何尺寸（尖轨轨头宽、尖轨和基本轨的高度等）；

⑤使用深度尺、2m 平尺相配合检测尖轨和心轨控制断面的降低值；

⑥使用钢轨轮廓检测仪检测钢轨件顶面轮廓和判断钢轨是否发生扭曲；

⑦使用专用工具检测辊轮状态；

⑧使用扭矩扳手检测各部螺栓扭矩；

⑨使用电子平尺检测接头平直度。

(6)对检查结果应如实记录并进行认真分析。

(二)道岔和调节器状态定期动态检查的内容和周期

(1)对于正线道岔和调节器，应结合线路轨检车动态检查，对道岔和调节器的轨道动态几何尺寸和车体振动加速度等项目进行测量并记录，按几何尺寸容许偏差管理标准进行状态评定并指导维修作业。

(2)动态几何尺寸容许偏差管理值应符合相关规定。

(三)钢轨件外形和表面伤损检查内容和周期

(1)对岔区和伸缩调节器钢轨件外形应每年检查一次，对磨耗接近轻伤的钢轨，应每季检查一次。

(2)对岔区和伸缩调节器钢轨件表面伤损应每半年检查一次，对磨耗接近轻伤的钢轨，应每季检查一次。

(3)对岔区和伸缩调节器钢轨焊接接头的外形和表面质量每半年检查一次。

(四)钢轨件及焊缝探伤检查内容和周期

钢轨件及焊缝探伤检查内容和周期应符合《高速铁路钢轨养护维修实施细则》的规定。

三、CRTS Ⅱ型板式无砟道床及双块式无砟道床维修作业

(一)CRTS Ⅱ型板式无砟道床

1. 无砟道床损坏修复作业

轨道板或砂浆充填层损坏严重，采取其他措施无法保证无砟轨道稳定性和平顺性时，经论证后，可实施道床修理作业。道床修理作业应选择在接近轨道板施工铺设时温度条件下进行，道床修理可按以下工艺进行施作。

(1)利用锚固筋将受损轨道结构两端一定数量的轨道板与支承层或底座板进行锚固，锚固筋的数量和布置根据轨道板施工时的纵连锁定温度、维修作业期间的温度计算确定。

(2)松开受损部位一定范围的扣件，切断钢轨。

(3)使用混凝土切割机，在轨道板宽接缝的接缝处进行切割，采用凿子、风镐等工机具

清除板间接缝混凝土，拆除张拉锁件。

(4)采用专用索锯，沿线路纵向，水平切割轨道板与砂浆结合面，分离轨道板与砂浆层。

(5)将受损轨道板、砂浆层清运出现场，并将支承层或底座板表面清理干净。

(6)运输、铺设新轨道板，精调并固定。

(7)采用模筑法灌注固化速度较快、力学性能与充填层材料相当的修补材料。

(8)用快凝混凝土浇灌窄接缝。

(9)安装张拉锁件，按规定扭矩纵向连接轨道板，

(10)接缝两侧支立模板，并用夹具固定，防止漏浆。

(11)采用C55微膨胀早强混凝土封闭宽接缝，洒水覆盖养护或喷洒养护剂。

(12)按设计锁定轨温要求锁定线路。

(13)轨道状态精调，恢复线路。

2. 梁端高强度挤塑板损坏更换作业

采取其他处理措施无法保证高强度挤塑板正常工作状态时，应进行更换。挤塑板更换可按以下工艺进行施工。

材料准备：新挤塑板、薄膜、黏结剂、树脂等。

机具准备：除尘器、注浆机等。

采取措施从轨道两侧将挤塑板取出，并用高压风将内部清理干净。

梁面滚刷黏结剂，将新挤塑板表面覆盖一层薄膜，并放入。

密闭底座板与挤塑板周边，压注树脂材料，充填空隙。

作业环境要求：5～30℃。

(二)双块式无砟道床

(1)对于双块式轨枕松动，应及时维修，视严重程度，可采用裂缝注浆、更换轨枕或在轨枕间安装特殊扣件等方法进行处理。

(2)如双块式轨枕两螺栓孔间纵裂引起的纵向裂缝、承轨面和挡肩交界处横向裂缝宽度大于1.0 mm，或挡肩面破损长度超过挡肩长度的1/2，则判定为挡肩失效，应及时维修，可采用更换轨枕或在轨枕间安装特殊扣件等方法进行处理。

(3)双块式轨枕松动、挡肩失效或扣件调整量用到极限，采取其他措施不能保证无砟轨道稳定性和行车平稳性时，应更换双块式轨枕。双块式轨枕更换可按以下工艺施作：

①松开扣件，提升钢轨至一定高度；

②采用混凝土切割锯或其他措施，将损坏的轨枕从混凝土道床板中取出，轨枕底部应凿出不小于25 mm深的空间；

③对于纵向钢筋穿过双块式轨枕钢筋桁架的无砟轨道结构，切断钢筋并使伸至相邻轨枕的连接钢筋裸露出来；

④对裸露混凝土表面进行凿毛，对连接钢筋表面除锈处理后，清理轨枕盒内松散颗粒及灰尘；

⑤放入新双块式轨枕，选择合适长度、直径的钢筋，将其焊接到裸露道床板纵向连接钢

筋上；

⑥用螺杆调节器支撑双块式轨枕，钢轨就位，安装扣件；

⑦精细调整轨排标高和左右位置，并固定；

⑧对裸露混凝土面进行润湿处理，注入低收缩性、早强、黏结性能和流动性较好的砂浆材料，砂浆从轨枕一侧注入直至填满整个开凿面；

⑨将砂浆面刮平，与相邻道床板表面平齐，并打扫干净；

⑩灌注砂浆养护，强度达到 30 MPa 及以上后，恢复线路。

（三）路基和隧道地段道床板损坏修理作业

道床板结构损坏严重或连续三个及以上双块式轨枕伤损失效，采取其他措施无法保证轨道稳定性和行车安全时，应成段更换道床板。道床板更换作业应选择在接近道床板施工时温度条件下进行，可按以下工艺施作。

（1）利用锚固筋，将受损道床板两端的相邻道床板与支承层进行锚固。锚固筋的数量和布置根据伤损情况、维修作业期间温度等确定，锚固筋直径一般为 25 mm（道床板上钻孔直径 40 mm），长度 400～500 mm，保证伸入支承层的锚固深度不得小于 250 mm。

（2）松开受损道床板部位扣件，切割钢轨。

（3）利用混凝土切割锯对受损道床板进行切割，从更换部分最后一根轨枕旁切割开，切割深度为道床板厚度。

（4）分离道床板与支承层，将受损道床板起吊运走。

（5）凿开相邻道床板混凝土，露出纵向钢筋长度不得小于 700 mm，并进行除锈处理。

（6）对裸露支承层表面和道床板混凝土进行凿毛，清理松散颗粒及灰尘。

（7）根据设计要求布设钢筋，纵向钢筋与两端露出的钢筋焊连，搭接长度不得小于 700 mm，焊接长度不得小于 200 mm，并做好钢筋绝缘处理。

（8）利用螺杆调节器支撑双块式轨枕，铺设钢轨，安装扣件，精细调整轨排几何状态后固定。

（9）支立模板，对支承层及四周混凝土表面进行润湿处理，在新旧混凝土接触面涂刷一层界面剂。

（10）根据施工时间要求，浇筑低收缩性、早强和抗裂性好的 C40 混凝土。

（11）将混凝土振捣密实后，刮平新浇筑的道床板表面，与相邻道床板表面平齐，并清理干净施工现场。

（12）混凝土养护，初凝后拆除支承螺杆。

（13）混凝土强度达到 30 MPa 以上后，根据设计锁定轨温，与相邻钢轨焊连，精调轨道状态，拆除模板，恢复线路。

四、CRTS Ⅱ型板式轨道板间连接处离缝伤损修补方法

（一）修补材料

CRTS Ⅱ型板式无砟轨道板间宽接缝混凝土与轨道板离缝伤损修补宜采用有机硅树脂材料，其性能应满足表 7 的要求。

表 7　宽接缝混凝土与轨道板离缝修补材料性能要求

序号	项　目		单位	指标要求	检测方法
1	表干时间		min	≤45	GB/T 13477
2	失黏(固化)时间		h	≤3	
3	流动度		mm	0	
4	弹性恢复率		%	≥80	
5	拉伸模量	23℃	MPa	≤0.3	
		-20℃		≤0.3	
6	拉伸量(-10℃)		mm	≥65	
7	与混凝土黏结面积			黏结丧失面积不大于20%,胶体内聚有局部破坏	
8	拉伸强度	无处理		≤0.4	
		热老化(80℃,168 h)	MPa	≤0.8	
		紫外线(300 W,168 h,41℃)		≤0.8	
		浸水(4 d)		≤0.4	
9	伸长率	无处理		≥400	
		热老化(80℃,168 h)	%	≥300	
		紫外线(300 W,168 h,41℃)		≥300	
		浸水(4d)		≥400	
10	质量损失率			≤6	

注:符合《建筑密封材料试验方法》(GB/T 13477)标准。

(二)主要修补工机具

手动注浆器、钢丝刷、真空除尘器等。

(三)修补工艺

(1)使用钢丝刷、真空吸尘器等清洁离缝内杂物,并保持裂缝内部干燥。

(2)采用铲刀等工具将有机硅树脂修补材料压入离缝内部20 mm以上。

(3)待修补材料固化后,表面修整,清理现场。

(四)环境要求

施工适宜温度为5~30℃,雨雪天不得施工。

五、CRTS Ⅱ型板式无砟轨道砂浆层伤损修补方法

(一)CRTS Ⅱ型板式无砟轨道水泥乳化沥青砂浆层离缝伤损修补方法

CRTS Ⅱ型板式无砟轨道水泥乳化沥青砂浆层伤损形式主要包括:砂浆层与轨道板间离缝、砂浆层缺损掉块及砂浆层裂缝等。针对三种伤损形式,可分别采用如下修补方法进行施作。

1. 修补材料

水泥乳化沥青砂浆层离缝伤损修补宜采用低黏度树脂材料,其性能应满足表8要求,离缝封边处理宜采用离缝封边材料或封边带,其中离缝封边材料性能应满足表9要求。

表8　砂浆离缝修补材料性能要求

序号	项　目	单位	指标要求	检测方法
1	黏度	mPa·s	≤100	GB/T 2794
2	凝胶时间	min	≤30	GB/T 7193
3	拉伸强度	MPa	≥6(2h) ≥10(24h) ≥15(7d)	GB/T 2567
4	抗压强度	MPa	≥15(2h) ≥20(24h) ≥30(7d)	JC/T 1041
5	断裂伸长率(7d)	%	≥2	GB/T 2567
6	收缩率(7d)	%	≤2	通过测量液态密度(GB/T 13354)和成型硬化物的密度(GB/T 1033.1),计算得出
7	黏结强度(7d)	MPa	≥3	JC/T 1041

注:1. 符合《胶黏剂黏度的测定》(GB/T 2794)标准;
2. 符合《不饱和聚酯树脂试验方法》(GB/T 7193)标准;
3. 符合《树脂浇铸体性能试验方法》(GB/T 2567)标准;
4. 符合《混凝土裂缝用环氧树脂灌浆材料》(JC/T 1041)标准;
5. 符合《液态胶黏剂密度的测定方法　重量杯法》(GB/T 13354)标准;
6. 符合《塑料非泡沫塑料密度的测定》第1部分:《浸渍法、液体比重瓶法和滴定法》(GB/T 1033.1)标准。

表9　封边材料性能要求

序号	项　目	单位	指标要求	检测方法
1	黏度	mPa·s	≥20000	GB/T 2794
2	凝胶时间	min	≤20	GB/T 7193
3	黏结强度	MPa	≥0.5	JC/T 1041

注:1. 符合《胶黏剂黏度的测定》(GB/T 2794)标准;
2. 符合《不饱和聚酯树脂试验方法》(GB/T 7193)标准;
3. 符合《混凝土裂缝用环氧树脂灌浆材料》(JC/T 1041)标准。

2. 主要修补工机具

钢丝刷、真空除尘器、注浆器(泵)等。

3. 修补工艺

(1)使用钢丝刷、真空除尘器或压缩空气等清洁离缝区域表面。

(2)用砂浆离缝封边材料或封边带封边,封边时留出注浆口和排气孔。

(3)按规定的配合比制备修补树脂材料。采用注浆器(泵)将修补材料从注浆口注入离缝区域,直至注满。

(4)修补材料固化以后,拆除封边材料或封边带,检查灌注饱满程度,如不饱满,应重新灌注。

(5)砂浆侧面修正,清理施工现场。

4. 环境要求

施工适宜温度为5～30℃,雨雪天不得施工。

(二)CRTSⅡ型板式无砟轨道水泥乳化沥青砂浆层缺损掉块修补方法

1. 修补材料

水泥乳化沥青砂浆层缺损掉块修补宜采用树脂砂浆材料,其性能指标应满足表10要求。

表10　砂浆缺损修补用树脂砂浆性能要求

序号	项　目	单位	指标要求	检测方法
1	可使用时间(树脂)	min	≥10	黏度达到40 Pa·s的时间
2	凝胶时间(树脂)	min	≤60	GB/T 7193
3	抗压强度	MPa	≥2(2h) ≥10(24h) ≥15(7d)	铁道部科技司《客运专线铁路CRTSⅡ型板式无砟轨道水泥乳化沥青砂浆暂行技术条件》
4	弹性模量(28 d)	MPa	7000～10000	
5	收缩率(28 d)	%	≤0.2	DL/T 5126
6	黏结强度(28 d)	MPa	≥2	JC/T 1041

注:1. 符合《不饱和聚酯树脂试验方法》(GB/T 7193)标准;

2. 符合《聚合物改性水泥砂浆试验规程》(DL/T5126)标准;

3. 符合《混凝土裂缝用环氧树脂灌浆材料》(JC/T 1041)标准。

2. 主要修补工机具

电镐、加热器、搅拌机、振捣器、垫块、铲子、桶、刷子等。

3. 修补工艺

(1)采用电镐修凿、清除劣化伤损的砂浆充填层,并向内修凿约100 mm。

(2)清理修凿产生的碎片、残渣等。

(3)如修凿部位残留水分,采用加热器干燥修凿部位。

(4)为保证修补材料与基体可靠黏结,可在修凿部涂敷底漆。

(5)根据缺损尺寸,选择是否支立模板。

(6)按配比准确称量树脂材料、石英砂等,采用手持式搅拌机使修补材料混合均匀。

(7)根据缺损面积大小,选择模板法或无模板法进行修补。

①对于无模板法,用铲子将混合均匀的树脂砂浆放入修补处。并用振捣器将修补砂浆振捣密实。

②对于模板法,首先支立模板,将修补材料灌入缺损部位,直至灌注饱满。待修补材料固化后,拆除模板。

(8)砂浆侧面修正,清理施工现场。

4. 环境要求

施工适宜温度为5～30℃,雨雪天不得施工。

(三)CRTS Ⅱ型板式无砟轨道水泥乳化沥青砂浆层裂缝修补方法

修补材料、工机具及工艺参照项目四 CRTS Ⅰ型无砟轨道道床养护修理“无砟道床混凝土裂缝修补方法”中的“表面封闭法”。

六、线路设备状态评定统计报告

线路设备状态评定统计报告如表 11 所示。

表 11　线路设备状态评定年度统计报告

<table>
<tr><th rowspan="3">段、线名</th><th rowspan="3">检查数(km)</th><th colspan="4">评定质量(km)</th><th colspan="3">其中单项失格(km)</th><th colspan="9">不良分数(分)</th></tr>
<tr><th rowspan="2">优良</th><th rowspan="2">合格</th><th rowspan="2">失格</th><th rowspan="2">合格率</th><th rowspan="2">无砟道床</th><th rowspan="2">伤损钢轨</th><th rowspan="2">重伤焊头</th><th rowspan="2">慢行</th><th rowspan="2">无砟道床</th><th colspan="2">轻伤轨</th><th colspan="3">重伤轨</th><th rowspan="2">重伤焊头</th><th rowspan="2">合计</th></tr>
<tr><th>一年新生</th><th>现存磨耗</th><th>一年新生</th><th>现存重伤</th><th>无缝线路</th></tr>
<tr><td></td><td></td><td></td><td></td><td></td><td></td><td></td><td></td><td></td><td></td><td></td><td></td><td></td><td></td><td></td><td></td><td></td><td></td></tr>
<tr><td></td><td></td><td></td><td></td><td></td><td></td><td></td><td></td><td></td><td></td><td></td><td></td><td></td><td></td><td></td><td></td><td></td><td></td></tr>
<tr><td></td><td></td><td></td><td></td><td></td><td></td><td></td><td></td><td></td><td></td><td></td><td></td><td></td><td></td><td></td><td></td><td></td><td></td></tr>
<tr><td></td><td></td><td></td><td></td><td></td><td></td><td></td><td></td><td></td><td></td><td></td><td></td><td></td><td></td><td></td><td></td><td></td><td></td></tr>
<tr><td></td><td></td><td></td><td></td><td></td><td></td><td></td><td></td><td></td><td></td><td></td><td></td><td></td><td></td><td></td><td></td><td></td><td></td></tr>
</table>

注:1. “段、线名”栏先填写各工务段名,后填写各线名(或另用一张);　　填报人:
2. 合格率指优良加合格占评定数的百分比;　　单　位:
3. 另附正线钢轨使用情况统计表;
4. 无砟道床状态评定根据本段范围内的无砟轨道结构形式分类统计。　　年　月　日

七、无砟轨道线路维修工机具

无砟轨道线路维修工机具如表 12 所示。

表 12　无砟轨道线路维修工机具

<table>
<tr><th>序号</th><th>设备名称</th><th>单位</th><th>车间</th><th>工区</th><th>铁路局</th><th>备注</th></tr>
<tr><td>一</td><td colspan="6">交通运输设备</td></tr>
<tr><td>1</td><td>生产抢修指挥车</td><td>辆</td><td>1</td><td></td><td></td><td>乘坐:5 人</td></tr>
<tr><td>2</td><td>小型客货两用车</td><td>辆</td><td>1</td><td>1</td><td></td><td></td></tr>
<tr><td>3</td><td>工程车</td><td>辆</td><td>1</td><td>2</td><td></td><td>14 座</td></tr>
<tr><td>4</td><td>轨料运输车组(含工务重型轨道车 2 辆,液压抢修机具 1 套,4t 平板车起重机 2 台,钢轨转向架 4 套,25 m 钢轨吊具 2 套,50 m 钢轨吊具 2 套,18 号道岔辙叉吊具 2 套)</td><td>组</td><td>1</td><td></td><td></td><td>山区、高原和严寒地区,每个工区配备 1 组,车间不再配备。租用 60 吨级路用提速平车 2 辆,其他大号码道岔辙叉吊具按需要另配</td></tr>
<tr><td>二</td><td colspan="6">检测设备</td></tr>
<tr><td>5</td><td>轨道测量仪</td><td>套</td><td>4</td><td></td><td></td><td></td></tr>
<tr><td>6</td><td>轨道检查仪</td><td>套</td><td>1</td><td>1</td><td></td><td>精度:0 级</td></tr>
<tr><td>7</td><td>数显式道尺</td><td>把</td><td>2</td><td>5</td><td></td><td>精度:0 级</td></tr>
<tr><td>8</td><td>降低值测量仪</td><td>套</td><td>1</td><td></td><td></td><td></td></tr>
<tr><td>9</td><td>里氏硬度计</td><td>台</td><td>1</td><td></td><td></td><td></td></tr>
</table>

续表

序号	设备名称	单位	车间	工区	铁路局	备注
10	准直仪或其他无缝线路位移观测设备	台	2			
11	锁定轨温测试仪	台	1			
12	钢轨轮廓(磨耗)测量仪	台	1			
13	钢轨探伤仪	台	6			
14	焊缝探伤仪	台	12			
15	钢轨平直度测量仪	台	1	1		
16	裂缝宽度测量仪	台		2		
17	车载式线路检查仪	台			6	配属动车组的铁路局
18	便携式线路检查仪	台	4		2	
19	电子水准仪	台	3			
20	1 m长平直尺及塞尺	套	3	2		
21	数显式扭矩扳手	把	2			精度1%
22	绷线器(弦绳)	套	3	2		
23	钢轨温度计	个	3	3		
24	钢轨伸缩调节器专用方向测量尺	把		1		
25	数显游标卡尺	把	1	1		
26	深度尺	把	1	1		
三	维护设备					
27	铝热焊成套设备	套	1			含加热器、对正设备、拉伸器、焊缝推瘤设备等
28	撞轨器及卡具	套	4			
29	气割工具	套		2		
30	内燃切轨机	台		2		
31	内燃钻孔机	台		2		
32	机动双头螺栓扳手	台		10		
33	扭矩扳手	把		10		
34	内燃仿形打磨机	台		1		
35	内燃道岔打磨机	台		1		
36	翼轨打磨机	台		1		
37	钢轨精磨机	台		1		
38	轴向砂轮机	台		2		
39	角向磨光机	台		2		
40	液压直轨器	台		1		
41	液压起道器	台		10		

续表

序号	设备名称	单位	车间	工区	铁路局	备注
42	液压改道器	台		4		
43	运轨小车	组		1		
44	道岔专用维修工具	套		3		如辊轮、弹性夹、拉簧等专用安装工具，根据不同客专道岔类型分别成套配备
45	无螺栓扣件装卸专用工具	把		6		
46	混凝土钻(空心钻)	台	2			轨道板钻孔用
四	照明设备					
47	移动照明灯具(内燃发电式)	台		6		
48	移动照明灯具(充电式)	台		8		
49	充电式手提灯	只	10	15		
五	发电设备					
50	汽油发电机组	台		2		10 kW
51	汽油发电机组	台		2		3 kW
六	通信设备					
52	手持式无线对讲机	部	5	8		
53	GSM－R 手持终端	部	5	5		
七	分析及办公设备					
54	笔记本电脑	台	5	3		
55	台式电脑	台	4	2		
56	打印机	台	1	1		
57	复印机	台	1			
58	一体机(传真、复印、打印等)	台	2	1		
59	数码相机	台	2	1		
60	数码摄像机	台	1			
八	其他作业工机具	套	1	2		撬棍、铜锤、台钻、台式砂轮、50m 钢尺、翻轨器、倒棱器、普通道尺、抬轨工具等

备注：1. 工机具配备时，宜采用新型产品；

2. 工区管辖有砟轨道线路时，应配备内燃捣固机(10 台)、液压起拨道器(6 台)、夯拍机(2 台)等有砟轨道作业机具；

3. 工务段配备数显式道尺、轨道测量仪、轨道检查仪鉴定台各 1 台，配备便携式线路检查仪 2 台。

八、无砟轨道线路常备材料

无砟轨道线路常备材料如表13所示。

表13　无砟轨道线路常备材料

序号	设备名称	单位	数　量	备注
一	线路备料			
1	备用承轨台代用系统(含扣件)	套	车间600套	
2	断轨急救器	套	工区2套	每套含急救器6个，臌包夹板1对
3	钢轨无损加固设备	套	工区2套	
4	25 m无孔轨	根	工区2根	
5	6 m有孔轨	根	工区2根	
6	6.25 m有孔胶接绝缘轨	根	工区2根	
7	接头螺栓及垫圈	套	工区36套	
8	接头夹板	块	工区24块	
9	现场胶接绝缘夹板及绝缘材料	套	工区2套	
10	扣件及其垫板	套	工区每种扣件类型各50套	
11	绝缘轨距杆	套	工区50套	
二	道岔部件备料			
12	尖轨、基本轨、辙叉	组	每种型号每车间备1组	
三	道岔整组备料			
13	正线主型道岔	组	每种型号每铁路局备1组	
14	其他型号道岔	组	每种型号全线备1组	
四	钢轨伸缩调节器备料			
15	钢轨伸缩调节器	组	每车间备1组	
五	有砟/无砟过渡段备料			
16	过渡段辅助轨扣件及垫板	套	每处5套	
17	过渡段基本轨扣件及垫板	套	每处5套	
18	过渡段轨枕	根	每处2根	
六	道岔紧固器	个	按道岔型号和数量配备	每站每组1/18道岔3个，每站每组1/42道岔5个，其他类型道岔根据需要配置

九、无砟道岔及钢轨调节器检查工具及维修机具

(一)检查工具

无砟道岔及钢轨调节器检查工具如表14所示。

表14　无砟道岔及钢轨调节器检查工具

序号	名　称	用　途
1	轨道几何状态测量仪	测量轨距、方向、水平、高低
2	轨距尺	测量轨距、查照间隔、水平

续表

序号	名　称	用　途
3	支距尺	测量支距
4	方尺	测量道岔始端钢轨对齐、岔枕垂直度
5	100 m 长卷尺	测量道岔全长，岔枕间距
6	卷尺	测量局部长度、距离
7	塞尺	测量钢轨件间、轨底与台板间、顶铁与钢轨件间缝隙
8	游标卡尺	测量间距、间隔等尺寸
9	1 m 平尺	轨顶、工作边直线度测量
10	2 m 平尺	轨顶、工作边直线度测量，心轨尖端测量，配合塞尺测量尖轨和心轨降低值
11	绷线器（包括垫）	测量岔枕纵向对齐、工作边方向、轨顶高低、岔枕高低、直线度
12	弹簧秤、磁力拉环	配合测量道岔长度、钢轨件长度
13	扭矩扳手	测试各部螺栓扭矩
14	钢轨轮廓测试仪	测试钢轨顶面轮廓，尖轨相对于基本轨降低值，心轨相对于翼轨降低值
15	轨温计	测量钢轨的温度

（二）维修机具

无砟道岔及钢轨调节维修工具如表 15 所示。

表 15　无砟道岔及钢轨调节维修工具

序号	名　称	用　途	备　注
1	扭矩扳手	按规定扭矩拧紧螺栓	
2	有砟道岔起道机	起道、拨道	一般为液压结构
3	无砟道岔起道机	起道	适应钢轨轨底至无砟轨道上表面距离小的特点
4	小型捣固机械	有砟道岔捣固	
5	大型捣固机械	有砟道岔捣固	一般用于和区间轨道同步的计划维修
6	轨距调整装置	调整轨距，调整方向	
7	辊轮调整扳手及塞尺	调整辊轮状态	
8	弹性夹装卸专用工具	装卸弹性夹	
9	打磨设备	接头打磨	

十、道岔及伸缩调节器常备材料

道岔及伸缩调节器常备材料如表 16 所示。

表 16　道岔及伸缩调节器常备材料

道岔	整组道岔	每种型号每 1000 延展公里备 1 组
	直尖轨和曲基本轨组件	每种型号每 1～20 组备一件，或每站备一件
	曲尖轨和基本轨组件	每种型号每 1～20 组备一件，或每站备一件
	辙叉组件	每种型号每 1～20 组备一件，或每站备一件

续表

调节器	整组调节器(含配件及轨枕)	每种型号每1000延展公里备1组
	尖轨、基本轨组件	每种型号每1~20组备一件(2件),或每一集中铺设点备一对
	轨枕	每种型号每1~100组备一件
	常用调高、调距配件	根据需要配备

十一、无砟道床主要维修材料及工机具

(一)CRTS型板式无砟轨道

CRTSⅠ型板式无砟轨道主要修补材料及工机具,如表17所示。

表17　CRTSⅠ型板式无砟轨道主要修补材料及工机具

项目	名　称	备　注
材料	聚合物水泥基材料	用于混凝土裂缝表面封闭
	低黏度树脂材料	用于混凝土裂缝无压注浆
	低压注浆修补材料	用于混凝土裂缝低压注浆
	弹性聚氨酯材料	用于混凝土伸缩缝修补
	树脂砂浆或聚合物改性水泥砂浆	用于混凝土缺损修补
	封锚砂浆材料	用于轨道板封锚砂浆脱落的修补
	树脂材料	用于水泥乳化沥青砂浆层离缝修补
	树脂砂浆材料	用于水泥乳化沥青砂浆层缺损修补
机具	切割机、真空吸尘器、注浆器、搅拌机、多功能空气锤、振捣器、燃烧器、钢凿、无油空气喷嘴、树脂灌注设备、压力灌浆机、电热吹风机、电镐、角磨机、钢丝刷、计量工具、打磨器、搅拌工具、盛料容器、涂刷工具、抹子、铲刀、模板等	根据修补工艺采用相应的工机具

(二)CRTSⅡ型板式无砟轨道

CRTSⅡ型板式无砟轨道主要修补材料及工机具,如表18所示。

表18　CRTSⅡ型板式无砟轨道主要修补材料及工机具

项目	名　称	备　注
材料	聚合物水泥基材料	用于混凝土裂缝表面封闭
	低黏度树脂材料	用于混凝土裂缝无压注浆
	低压注浆修补材料	用于混凝土裂缝低压注浆
	弹性聚氨酯材料	用于伸缩缝、底座板等伤损修补
	有机硅树脂材料	用于板间连接部位离缝修补
	树脂砂浆或聚合物改性水泥砂浆	用于混凝土缺损修补
	树脂材料	用于水泥乳化沥青砂浆层离缝修补
	树脂砂浆材料	用于水泥乳化沥青砂浆层缺损修补

续表

项目	名称	备注
机具	切割机、真空吸尘器、电热吹风机、注浆器、角磨机、电镐、加热器、搅拌机、注浆泵、振捣器、垫块、钢丝刷、计量工具、搅拌工具、打磨器、盛料容器、涂刷工具、抹子、铲刀等	根据修补工艺采用相应的工机具

(三)双块式无砟轨道

双块式无砟轨道主要修补材料及工机具,如表19所示。

表19　双块式无砟轨道主要修补材料及工机具

项目	名称	备注
材料	聚合物水泥基材料	用于混凝土裂缝表面封闭
	低黏度树脂材料	用于混凝土裂缝无压注浆
	低压注浆修补材料	用于混凝土裂缝低压注浆
	弹性聚氨酯材料	用于混凝土伸缩缝修补
	树脂砂浆或聚合物改性水泥砂浆	用于混凝土缺损修补
机具	真空吸尘器、切割机、注浆器、电热吹风机、角磨机、钢丝刷、计量工具、搅拌工具、盛料容器、涂刷工具、抹子、铲刀、打磨器、螺杆调节器等	根据修补工艺采用相应的工机具

(四)道岔区轨枕埋入式无砟轨道

道岔区轨枕埋入式无砟轨道主要修补材料及工机具,如表20所示。

表20　道岔区轨枕埋入式无砟轨道主要修补材料及工机具

项目	名称	备注
材料	聚合物水泥基材料	用于混凝土裂缝表面封闭
	低黏度树脂材料	用于混凝土裂缝无压注浆
	低压注浆修补材料	用于混凝土裂缝低压注浆
	弹性聚氨酯材料	用于混凝土伸缩缝修补
	树脂砂浆或聚合物改性水泥砂浆	用于混凝土缺损修补
机具	真空吸尘器、切割机、注浆器、电热吹风机、角磨机、钢丝刷、计量工具、搅拌工具、盛料容器、涂刷工具、抹子、铲刀、打磨器等	根据修补工艺采用相应的工机具

(五)道岔区板式无砟轨道

道岔区板式无砟轨道主要修补材料及工机具,如表 21 所示。

表 21　道岔区板式无砟轨道主要修补材料及工机具

项目	名　称	备　注
材料	聚合物水泥基材料	用于混凝土裂缝表面封闭
	低黏度树脂材料	用于混凝土裂缝无压注浆
	低压注浆修补材料	用于混凝土裂缝低压注浆
	弹性聚氨酯材料	用于混凝土伸缩缝修补
	树脂砂浆或聚合物改性水泥砂浆	用于混凝土缺损修补
机具	真空吸尘器、切割机、注浆器、电热吹风机、角磨机、钢丝刷、计量工具、搅拌工具、盛料容器、涂刷工具、抹子、铲刀、打磨器等	根据修补工艺采用相应的工机具

十二、客运专线 18 号可动心轨辙叉单开道岔框架尺寸明细

客运专线 18 号可动心轨辙叉单开道岔框架尺寸明细如表 22 所示。

表 22　客运专线 18 号可动心轨辙叉单开道岔框架尺寸明细　　mm

岔枕编号	距 1 号枕的距离	直股工作边到侧股工作边的尺寸	岔枕编号	距 1 号枕的距离	直股工作边到侧股工作边的尺寸
4	1 775	1 436	26	15 000	1 535
5	2 425	1 439	27	15 600	1 543
6	3 000	1 442	28	16 200	1 551
7	3 600	1 445	29	16 800	1 559
8	4 200	1 448	30	17 400	1 568
9	4 800	1 451	31	18 000	1 577
10	5 400	1 454	32	18 600	1 586
11	6 000	1 458	33	19 200	1 596
12	6 575	1 461	34	19 800	1 606
13	7 225	1 464	35	20 400	1 616
14	7 800	1 467	36	21 000	1 627
15	8 400	1 471	37	21 600	1 638
16	9 000	1 475	38	22 200	1 649
17	9 600	1480	39	22 800	1 661
18	10 200	1 485	40	23 400	1 673
19	10 800	1 490	41	24 000	1 685
20	11 400	1 495	42	24 600	1 698
21	11 975	1 501	43	25 200	1 711
22	12 625	1 507	44	25 800	1 724
23	13 200	1 514	45	26 400	1 738
24	13 800	1 520	46	27 000	1 752
25	14 400	1 527	47	27 600	1 766

续表

岔枕编号	距1号枕的距离	直股工作边到侧股工作边的尺寸	岔枕编号	距1号枕的距离	直股工作边到侧股工作边的尺寸
48	28 200	1 781	82	48 600	2 473
49	28 800	1 796	83	49 200	2 499
50	29 400	1 811	84	49 800	2 526
51	30 000	1 827	85	50 400	2 553
52	30 600	1 843	86	51 000	2 580
53	31 200	1 859	87	51 600	2 607
54	31 800	1 875	88	52 200	2 635
55	32 400	1 892	89	52 800	2 663
56	33 000	1 910	90	53 400	2 691
57	33 600	1 927	91	54 000	2 720
58	34 200	1 945	92	54 575	2 748
59	34 800	1 963	93	55 225	2 780
60	35 400	1 982	94	55 800	2 808
61	36 000	2 001	95	56 400	2 838
62	36 600	2 020	96	57 000	2 869
63	37 200	2 040	97	57 600	2 899
64	37 800	2 059	98	58 200	2 930
65	38 400	2 080	99	58 800	2 962
66	39 000	2 100	100	59 400	2 993
67	39 600	2 121	101	60 000	3 025
68	40 200	2 142	102	60 600	3 058
69	40 800	2 164	103	61 200	3 090
70	41 400	2 186	104	61 800	3 123
71	42 000	2 208	105	62 400	3 157
72	42 600	2 230	106	63 000	3 190
73	43 200	2 253	107	63 600	3 223
74	43 800	2 276	108	64 200	3 257
75	44 400	2 300	109	64 800	3 290
76	45 000	2 323	110	65 400	3 323
77	45 600	2 348	111	66 000	3 357
78	46 200	2 372	112	66 600	3 390
79	46 800	2 397	113	67200	3 423
80	47 400	2 422	114	67 800	3 457
81	48 000	2 447	115	68 400	3 490